U0925387

站着说话：汪云青锐评集

汪云青　著

机 械 工 业 出 版 社

本书是作者汪云青在《广州日报(汽车版)》开设的《站着说话》栏目的2011～2012年评论的合辑。这些评论集中体现了作者对汽车行业诸多焦点问题，如新能源问题、自主品牌问题的独到观点，对汽车行业发展中的许多问题作出了辛辣的评论。这些评论，观点独到、语言幽默、思想睿智，云人所未云，因此，被誉为中国汽车行业最“毒”的评论、最“准”的预言、最“冷”的幽默。

本书读者群广泛，不仅适合普通读者阅读，还适合关心汽车行业发展的人士阅读，特别适合汽车行业公关、市场营销、媒体传播等相关从业人士阅读。

图书在版编目(CIP)数据

站着说话：汪云青锐评集/汪云青著. —北京：机械工业出版社，2013.6

ISBN 978-7-111-42239-6

Ⅰ.①站…　Ⅱ.①汪…　Ⅲ.①汽车工业—中国—文集
Ⅳ.①F426.471-53

中国版本图书馆CIP数据核字(2013)第080420号

机械工业出版社(北京市百万庄大街22号　邮政编码100037)
策划编辑：赵海青　责任编辑：赵海青　杨　洋
版式设计：霍永明　责任校对：赵　蕊
封面设计：马精明　责任印制：乔　宇
北京铭成印刷有限公司印刷
2013年7月第1版第1次印刷
169mm×239mm·12印张·197千字
0001—4000册
标准书号：ISBN 978-7-111-42239-6
定价：29.90元

凡购本书，如有缺页、倒页、脱页，由本社发行部调换

电话服务	网络服务
社服务中心：(010)88361066	教材网：http://www.cmpedu.com
销售一部：(010)68326294	机工官网：http://www.cmpbook.com
销售二部：(010)88379649	机工官博：http://weibo.com/cmp1952
读者购书热线：(010)88379203	**封面无防伪标均为盗版**

自　序

《站着说话》这个专栏，自2003年正式开辟以来，到今年刚好十年了。在过去的十年里，这个专栏每周一期，累计下来，评论文章的数量居然也非常可观。很多同行、同事屡屡建议我将这些评论结集出版，我总是一笑置之，因为在我的内心里，实在怀疑这些行业性的评论是否真有合起来出一本书的必要。

首先，这些评论都是因相关新闻而发，离开了具体的新闻背景，还有多少价值呢？

其次，这些评论都和汽车行业有关，是我开在《广州日报(汽车版)》上的专栏，业内人士看一看，或许还有些共鸣，离开了行业背景，这些短小的评论，还有什么价值呢？

再次，书，于我而言，一直是神圣的。像我这样，虽然也以文字为生，但是，写书，却一直不敢。书，当然人人可写，但是，写出来，于读者如果没有丝毫价值，这样的书，出它干嘛？

所以，《站着说话》这个专栏虽然一直颇受读者喜爱，但是，我却一直没有将这些评论集成一本书的想法。

后来，劝的人多了，我不免想，难道我的这些行业评论，时过境迁，竟然还真的有些价值？于是，我在网上搜索了一下自己写过的一些评论，重读了一下，居然发现这些评论也不是一点味道没有，有些似乎还超出了行业批评的范畴。我假设自己是一个对汽车行业漠不关心的人，似乎也还读得进去；后来我听说，行业很多同仁、报社很多同事、厂家一些领导都养成了每个星期必看《站着说话》的习惯。某合资厂家日方老总甚至还要求手下为他翻译每周的《站着说话》……而大家爱看这个专栏的原因，并非完全都是出于对汽车行业的关心，很多人只是觉得我的评论写得比较有趣。

既然如此，我想，就将这些评论结个集，出本书大概也不是不可以的吧。对我而言，出一本书的虚荣，毕竟也还是有的，于是，我居然开始整理起我的这些评论的稿子来了。

这颇不容易。因为原本没有出书的计划，所以很少保留原稿，特别是2010年以前写的那些评论。2011年开始，因为有博客，这些言论发表后都会转载到博客上去，所以不用搜集，整理起来容易得多。那就先从容易的开始，于是就有了这本《站着说话:汪云青锐评集》。之前的评论，我打算慢慢整理，将来再出一本《站着说话十年选集》。

需要说明一下的是，我的专栏命名为“站着说话”，并不像很多人揣摩的那样，有什么高深的含义。很简单，就是“站着说话不腰疼”的意思。因为批评别人总是容易的，而这个专栏，也只负责批评，并不负责提供建设性的意见。

最后，还要补充说明一下的是，这些小评论，都有一定的新闻或事件背景，好在我从来不会故作高深，说的都是些平白浅显的话，所以，即使不了解这些背景，大约也应该知道我在说什么。于是，我就没有把这些背景也附在每一则评论的后面——最初，是有这样的想法的，可是，稍微估摸了一下，对我来说工作量太大了。读者朋友们，如果您实在感兴趣，劳烦百度一下，也很方便，而我，就乐得偷个懒了。

不过，我还是不厌其烦地把每篇评论的发表时间都附在了文后。很多时候，话之所以还有意义，就在于它是什么时候说的。所以，我也希望读者朋友们能稍微留意一下我说这些话的时间。

2012年12月

目录 CONTENTS

基本需求不能一限了之

以“摇号限牌”为最主要内容的北京治堵措施，已经开始实行了，效果非常显著——不是治堵的效果，而是对汽车市场打击的效果。

据媒体报道，北京治堵措施一公布，德国汽车及配套行业上市公司股票价格全面下滑，大众、奔驰、宝马等公司股价跌幅均在5%左右；国内，各机构也纷纷下调了对中国2011年汽车市场的增长预期，中信证券和申银万国分别将预测的增长率下调了1个和2个百分点。因为大家都担心，北京治堵措施会给其他受交通问题困扰的城市带来“示范效应”。

2009年，为应对金融危机，刺激经济，中国政府出台了一系列鼓励汽车消费的政策，导致车市井喷；现在，为了治堵，北京市又实行了史上最严措施，给车市一大打击。

单纯站在治堵的立场上，北京市的办法是容易理解的。2010年年底，北京市汽车保有量超过了480万辆，较2010年初增加逾70万辆，但是，决策者更应该思考，汽车保有量增长为什么这么快？衣食住行，行是人类的基本需求之一。随着经济的发展，和衣、食、住一样，行的需求也必然会发展，这个基本需求，无法抑制，只能引导。

正因为此，在北京治堵措施出台前的一段时间里，北京上演了全球汽车历史上可能最疯狂的“抢车大战”。为了抢到一台4S店的展车，两拨消费者甚至打了起来，几乎所有的车型都要加价，一些车型几个小时内连续涨价，有的车型一天内上涨超过一万元。这很容易理解，假如我们宣布从什么时候开始，对大米也搞定量限购，我想“抢粮大战”也肯定会立即打起来。

既然是基本需求，任何形式的“限”都只能是下策。上策是你要给消费者提供替代的方案，那就是方便、舒适、快捷的公共交通工具。汽车，大家还是可以买，但是使用——特别是在城里的使用，要尽量减少，尽量多地用公交。而我们目前的现状是，公交慢，地铁挤，且远没有形成四通八达的网络，人们日益增长的出行需求，只能倒向私家车。

要广大车主放弃开车，仅仅完善公交还不够，还要为他们在住宅附近创造相对宽松的停车条件。既然居住的小区附近和上班附近停车一样难、一样贵，那为什么不开车去上班呢？可是，对于停车难问题，我们主管官员的解决之道是“呼吁提高停车费”，因为“停车场投资回报率太低，业主没有投资热情”。

听起来似乎有道理，但是，停车设施和行车设施一样，是现代社会的一项基本公共设施，需要政府投资建设。我们主管官员的话听起来，似乎我们的政府并不是政府，而是企业的董事会，什么事情都要考虑投资回报。于是，堵车就打算收拥堵费，车多就拟收牌照费，房价高就拟征物业税，空气不好，还有人建议收呼吸税！这到底是要解决问题，还是要趁机敛财？这些年，群众对教育、医疗等公共事业的满意度一直不高，原因也大约就出在这个投资回报率上。

2011-1-3

“黄金十年”已逝 “白金十年”可期

新世纪第一个十年，对中国汽车行业来说，是极不平凡的十年。

在这十年里，全国汽车销量从200万辆跃升到1800万辆，中国超越美国成为世界汽车产销第一大国。根据统计，2010年，汽车及相关产业是对中国GDP增长贡献度第二大的行业。这十年里，汽车行业给人民群众带来了极大的实惠。十年前，买得起私家车的人还是凤毛麟角。记得当年无论是采访厂家还是经销商，记者都喜欢问一个问题——个人消费者的比例是多少，现在，再问这类问题就变得可笑了，因为汽车早已不再是“旧时王谢堂前燕”，而已进入寻常百姓家；十年前，一辆进口的2.2升丰田佳美，售价43万元，当时这个价格可以在广州市中心买一套100平方米的房子，现在，技术更先进、配置更高的2.4升凯美瑞只要20万元出头，而同样一套房子，现在的价格大约要超过200万元！

在这十年里，不光房价，几乎什么都在涨，但是汽车的价格却一直在降，从给老百姓带来实惠的角度，汽车行业也许应该是中国这十年里，发展最健康、群众满意度最高的行业之一。

新世纪的第一个十年——中国汽车行业的所谓“黄金十年”，像是发育最快的青春期，接下来的十年，自然就会进入成熟期，发育的速度也自然会慢下来，甚至停下来。但是速度慢下来，体质却会更强健起来，如果第一个十年是发展速度的黄金十年，那么接下来的十年完全有可能是体质提升的白金十年。

能否实现从黄金十年向白金十年的转变，要看几个关键：

一是能否诞生真正有国际竞争力的本土品牌，奇瑞、吉利、长城、比亚迪、长安、上汽都有这样的潜力和希望；

二是本土汽车设计能否形成自己的风格，逐渐告别简单模仿抄袭；

三是传统动力技术能否取得突破，与世界先进水平看齐，自动起停系统、制动能量回收等成为标配，综合百公里油耗 6 升成为行业平均水平；

四是新能源技术能否从务虚走向务实，从概念走向商业化，混合动力、插电混合动力、增程型电动车等真正实现商业化生产；

五是新材料技术的发展能否促进汽车设计的变革，汽车重量普遍降低到 800 公斤以下，未来的年轻人会很奇怪他们的父亲居然开过那么粗蠢的汽车；

六是人机、人车、车际对话通信技术能否成熟完善，汽车实现一定程度智能化，将交通事故、人员伤害降低到最低程度；

七是汽车使用环境能否得到治理和改善，随着公交配套的完善，城市居民自觉有限制地使用汽车，政府大量投资兴建高效、便捷的立体停车设施，停车难得到基本缓解（而不只是简单地限牌和增加收费）……

看起来有点难以想象？十年前，我们能想象中国汽车年销量达到 2000 万辆吗？我们能想象 20 多万元钱可以买到奔驰 C 级轿车吗？所以，对“白金十年”能否成真，我很有信心。

2011-1-10

绿色和谐公务员大奖

当时还在美国底特律采访北美车展的我，被网上的新闻吓了一跳——新闻标题赫然是“广州通过治堵三方案，买到车位才能买车”。广州也要搞泊位证了？广州也终于要限制购车了！还好，后来证实，这不过是《广州市旧厂房改造专项规划》中，关于交通问题提出的三个方案之一，并不是政府最终的治堵方案。虚惊一场。

其实，对于限制购车，我并不反对，因为城市道路越来越堵是一个所有人都要面对的现实，既然大家都没有什么好办法，那么限制购车也许就是一条终极的道路。但是，我先前也写过，衣食住行是人们的基本需求，对于人们的基本需求不能简单地一限了之。特别是，在没有提供其他选择的前提下——比如完善、便捷的公交系统，就贸然通过限制上牌、限制购买等行政手段来“治堵”，都要算是惰政。

“买车前先要买好车位”，听起来很自然，和之前浙江宁波欲出台的“新购车辆未配停车场所，拟不发牌证”的思路是一致的。宁波市公安局交警支队的逻辑是“买车先找好车位是车主的基本责任”，听起来也似乎无可辩驳。但是，按照这个逻辑，因为道路堵塞，所以买车前先修路也应是车主的基本责任；因为幼儿园、小学学位紧张，所以生孩子前先建好幼儿园、小学也是公民的基本责任；因为现在看病也难，所以生病前盖所医院，或者自家培养个医护人员，也是病人的基本责任；正值春运，买火车票非常难……

恭喜长官！因为这个逻辑的发明，我们这个社会几乎全部的这难那难，就都迎刃而解了！不花政府一分钱，不给领导添一丝乱，我看可以给发明这个逻辑的官员颁发一个“2010 年度绿色和谐公务员”大奖。

买到车位才能买车，实在不能算荒唐。的确，每个车主本来也应该有自己的车位的。作为车主，有不想买车位的吗？问题是买不起啊！本人所在的小区，不是什么中心地段，2006 年房价不过 8 000 元每平方米左右，地下车库 9.8 万元一个，2010 年，房价涨到了 15 000 元每平方米，地下车库却涨到了 35 万元一个——起！如果“买到车位才能买车”真的实施，估计地下车库不涨到 50 万元一个才怪——房产商看来又可以开香槟了。

上海市长日前表示，不解决市民蜗居问题，上海没有未来。但是，怎么解决？只能是政府花钱大规模兴建廉租房。同理，怎么解决停车难的问题？也只能是政府花钱大规模兴建停车基础设施。我刚到广州参加工作的时候，市区有四座立体停车楼，现在 12 年过去了，印象中似乎还是只有这四座，期间我们卖了多少辆车？广本、广丰这些年交了多少税？现在停车难了，我们某些领导的思维却是：“要提高停车收费标准，否则业主建停车场的积极性不高”，而从来不会考虑，停车设施和行车设施一样，都是社会基础公共设施，是应该由政府来大力建设的！因为我们的不少领导都是这种思维，所以我们的社会越发展，住房、读书、看病、买菜等各种各样的难也就越层出不穷。

2011-1-17

假如没有“召回门”

2010 年，福特实现净利 66 亿美元，创十年来最高；克莱斯勒全年也实现营业利润 7.63 亿美元，大幅超出预期；新的通用汽车不但顺利 IPO，重新上市，而且市场份额大幅回升，2010 年全球汽车销量比 2009 年净增差不多 100 万辆；于是，丰田蒙冤昭雪的日子也就到了。2 月 8 日，美国交通部发布了“丰田召回事件”的官方调查结果——丰田车型电子节气门没发现任何缺陷。

现在，你不能不越发佩服丰田的上上任社长张富士夫。当时，丰田在北美市场如日中天，而当美国三大汽车公司市场份额节节下滑的时候，“张社”没有痛打落水狗，没有得意忘形，相反却表现得忧心忡忡，出人意料地宣布丰田汽车在美国市场上调价格，原因是——要为美国三大汽车公司留一点市场空间，“大家好才是真的好”。

这就叫政治敏感！你把美国三大汽车公司逼得无路可走之日，也就是人家让你车毁人亡之时。你一年在美国卖 200 多万辆车，想找你点麻烦，那还不容易？特别是，这里还是美国。

“张社”显然比他的继任者渡边捷昭更了解美国人，当然，运气也更好。因为金融危机发生在渡边时代。金融危机前，美国三大汽车公司日子难归难，还熬得下去，金融危机一来，差点全部破产歇菜，于是“山姆大叔”不得不出手了，和教训萨达姆一样，快、准、狠，舆论攻势先导，政府职能部门强势介入，丰田章男泪洒美国国会，可是博不到同情，因为美国人要的不是这个。

“召回门”对丰田的杀伤力是巨大的。2010 年，美国汽车市场快速复苏，几乎所有汽车品牌销量同比都有增长，福特、克莱斯勒都大涨 17%，丰田则是唯一销量下降的品牌。美国交通部的结论，算是给丰田平了反。但是，这并不值得丰田弹冠相庆，因为假设没有发生“召回门”事件，丰田今天也许同样会有危机。

丰田全球销量的下滑，特别是在中国市场的发展速度远远滞后于市场整体，我认为并不完全是受“召回门”事件的影响。仅就产品而论，近年来，丰田车型较之于竞争品牌，越来越缺乏魅力。丰田之前赖以制胜的法宝是可靠和省油，可是，随着对手在可靠性和燃油经济性上的飞速进步，丰田原有的优势丧失了，此时，丰田产品魅力度不够的劣势便凸显了出来。

实际上，传统汽车技术的发展，不同品牌间在可靠性和油耗上的差距只会越来越小，产品的魅力度就成了吸引买家的关键。对车而言，魅力度最主要体现在设计上，其次也体现在性能、技术、材质等各个方面。在近年来的多次国内外车展上，丰田展示的产品，整体魅力度上大大落后于对手，这一点也体现在在售车型上，我们比较一下凯美瑞和新君威、RAV4 和 ix35，或者新皇冠和新 5 系，就会有很直观的印象。

丰田依然是强大的，特别是它有着成熟、领先的混合动力技术。提升一下产品的魅力指数，对丰田而言，并不是困难的事，所以，平反昭雪之后的丰田，缔造新一轮神话，完全是有可能的，关键是丰田的高层要改变一下思路。保守和谨慎，作为丰田的企业文化，很明显，已经不太适合现在这个时代了，尤其是在高速增长和快速变化的中国市场。

2011-2-21

On Star 的前途

在上海通用的一个发布会上，OnStar 被提到的频次非常高，俨然这个人车信息通信系统是一个不得了的产品优势，也是他们未来可以克敌制胜的法宝。

但是在我看来，这不过是一个可有可无的鸡肋。上海通用的车多，媒体试驾的机会也就多，但是在这么多次试驾过程中，我从来没有过按下 OnStar 按钮的需求，哪怕一次也没有。

还是介绍一下什么是 OnStar 吧，该系统是通过应用全球卫星定位系统(GPS)和无线通信技术来为消费者提供广泛的汽车安全信息服务，包括碰撞自动求助、路边救援协助、全音控免提电话、实时按需检测和全程音控领航等十多项。类似的系统还有丰田的 G-BOOK。

根据 OnStar 自己的统计，自引入中国以来，提供的自动碰撞求助服务、失窃车辆定位服务分别是 1460 起和 50 起，而音控领航服务则超过 180 万次。无论是 1460 还是 50，和 180 万相比，都少得可怜，因此，OnStar 基本上可以被视为一个电话语音导航，也可以看做是某个品牌专属的“114”。

“你们如此大力地宣传这个东西，是因为它真的好用，还只是因为你们有这个东西?”我问厂家的领导，“当然好用了。”对方回答。“那么好用在哪呢？”我问。

同样的问题，我还问过一位丰田车主——他认为丰田 G-BOOK 也非常好用。结果我得到的回答基本一样，都是找路比较方便。可是，一个便宜的导航仪不就能实现这个功能吗？市面上 1000 元就可以买到一部不错的导航仪，而 OnStar 的服务费就要 1580 元——是每年！当然，还有一种 780 元的套餐，不过是不提供导航服务的；丰田的 G-BOOK 每年服务费则是 1200 元。

确实，OnStar 的注册用户增长得很快，自 2009 年进入中国以来，已经有超过 20 万用户，但是，请注意，这里面有多少是车主自己的主动选择，因为 OnStar 已经是上海通用很多车型的标准配置，而且第一年免使用费，对于车主来说，既然免费，那就先装上呗。所以，真要考察 OnStar 的受欢迎程度，要等过了免费期后，看有多少车主选择续期。我的估计是比例不会太高。

因为，车始终是交通工具，它永远不会成为什么移动的办公空间，除了职业司机，谁会一天没事老待在车里呢？对车而言，OnStar 也好、G-BOOK 也好，或者福特的 SYNC 车载多媒体通讯娱乐系统也好，都是附属性的功能。对一款车而言，核心的竞争要素是设计、性能、品质，是经济性、舒适性、安全性，什么娱乐影音系统、无线网络接入，都是噱头。想想吧，在车上上网？在车上看电影？不晕车吗？如果长途实在无聊，那最好的方式是睡觉。所以，厂家与其在车内娱乐方面动脑筋，不如想办法把坐椅弄得更舒服些，使人更加容易入睡。

当然，以信息技术为核心的智能化革命，是汽车未来发展的三大趋势之一。但是，这个智能化必须是发生在汽车的那些核心竞争要素之上，比如安全性，像车道偏离警示系统、自适应巡航控制系统等，而不是在车内搞“信息化改装”，比如把苹果 iPad 装到坐椅头枕上。

2011-3-7

走高速 不幸福

一位同行从北京去东莞参加东风汽车的一个发布会，他很不解地问我，为什么从广州机场到东莞几十公里路，要经过那么多收费站。我说那还算好的，我们从华南快速上广深高速，短短几公里路也要经过三个收费站，站站都要领卡交钱。让这位同行意外的是，内地很多省份省内高速公路都已经联网，而作为国内经济最发达的省份，广东在高速公路收费这个环节，却还处在自然经济状态。

我们的近邻江西，只要不出省，不管你要经过多少不同的高速路段，都只要领一次卡、交一次钱即可，这样既减少了很多不必要的收费站建设，又减少了大量收费站工作人员，也省去了司机很多麻烦，既高效又节约。可是广东的高速公路却依然是各自为政，哪怕只有几公里路，也要各收各的费。

另一个让我作为广东人颇不好意思的是，自从实施燃油税以来，内地很多经济欠发达省份的二级以下公路收费站都已经撤销了，但是作为国内经济最发达的区域，珠三角的很多二级以下公路却依然在收着费。

硬币的一面是管理落后，而另一面却是高收费。珠三角的高速公路收费之高大约是全国之冠。我开车从南到北穿越江西，行程 700 多公里，路费是 295

元，大约是每公里4角钱，可是珠三角的高速公路，一般都在6角钱以上，而每公里收费超过1元的地方也大有其处。

珠三角很多高速公路除收费高之外，还有一个猫腻的地方，就是各段间收费相加会远高于全段收费。比如广深高速，从广州到深圳南山出口，大约100公里，收费60元，平均每公里6角；但是从罗岗到新塘只有5公里左右，收费却是5元，平均每公里就变成了1元！再比如机场高速，三元里到机场路出口只有2公里，收费2元，三元里到新机场是15元，据此，机场路到新机场就应该是13元，但是对不起，也是15元；花都到机场是2元，那么，三元里到花都就应该是13元啊，对不起，也是15元。高速公路方面好像是帮我们做了四舍五入，避免了找零的麻烦，那么2元的收费为什么就不“舍”掉算了呢？

大概在高速公路方面看来，这些1元、2元的小钱，车主是不会也不应该计较的，可是，高速公路方面为什么就不能大方一回，把这些1元、2元的小钱回馈给司机呢？现在全国上下基本形成了建设幸福社会的共识，生活幸不幸福，是很具体的。比如说，我认为明明应该给3元的，你却硬要收5元，很显然，那一刻我是不大会幸福的。当然了，你是比较幸福的，但是你把自己的幸福建立在了广大车主的不幸福之上，这种幸福是要不得的。

2011-3-14

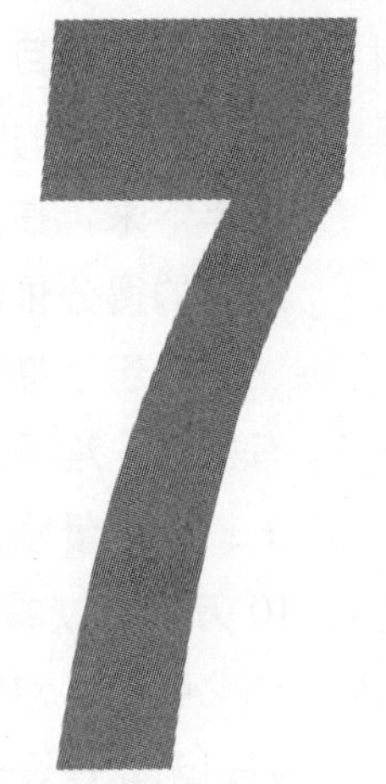

便宜并非无往而不利

假如现在市场上还有一款黑白电视机，价格非常便宜，你会买吗？哪怕价格只有同尺寸彩电的1/10，估计也不会有什么人买。也就是说，便宜并不是无往而不利的。

很遗憾的是，到目前为止，本土汽车品牌，除了价格以外，还是缺乏明显的竞争优势。在过去十年里，本土汽车品牌抓住了中国汽车市场初次普及阶段低端乘用车市场空白的机会，迅速扩大了市场份额，涌现了一批像吉利、比亚迪、奇瑞、长城这样的本土汽车品牌。

但是，经过前几年的高速发展，最近两年，本土汽车品牌发展相继受挫，比亚迪是本土汽车品牌中最有雄心也是发展最快的一个，但是去年业绩大幅下滑，汽车业务利润下滑幅度接近50%。

中国汽车市场有两大特点，一是高速增长，二是快速升级。之前的十年，我们处于汽车的初次普及阶段，高速增长是主要的，但是随着汽车初次普及率的提高，汽车使用成本的上升（车位贵、油价高），使用环境的恶化（堵车、限牌），增速会显著放慢，而快速升级将成为中国汽车市场的主要特征。未来，能不能提供更有魅力——而非更廉价的产品，成为竞争的关键。以是观之，本土汽车品牌目前所表现出来的状况令人担忧。

《广州日报(车天下)》两年前就推出了独家的测试评价体系——愉悦指数，两年下来，在我们测试过的车型中，即使充分考虑了价格因素之后，本土汽车品牌的得分依然整体偏低。

经历了高速发展的本土汽车品牌现在普遍比较——怎么说呢，好听点，是有雄心，难听点，是不知天高地厚。一个刚刚成立的品牌就喊出要做世界第一；年产量刚过 40 万辆，就昏昏然，以“中国的丰田”自居；年销售还不到 10 万辆，就喊出产销 200 万辆，2/3 以上出口的雄伟目标！

可是，你凭什么呢？单论产品本身，一款车上所能体现的能力，概而言之，无非是设计能力、技术研发能力、制造工艺水平三大块，自己和自己比，本土汽车品牌当然进步巨大，但是横向和别人一比，差距依然明显。设计方面，很多本土汽车品牌一直在抄袭模仿，奇形怪状、画虎类犬的车至今层出不穷；技术研发上，我们的本土汽车品牌连自动变速器也还没有搞出来，发动机、底盘技术差距越拉越大；制造工艺水平，在产品上一目了然——当然，你会说价格不一样，这又回到了最开始的问题上。

本土汽车品牌现在面临的局面非常严峻，自身向上突破不了，积累不够，技术门槛摆在那里；而合资汽车品牌打着“自主”的旗号，开始大肆向下打压，阳光、朗逸、赛欧的畅销，会吸引更多的合资公司切入本土汽车品牌的根据地——低端市场。

本土汽车品牌现在要做的，是切实提升设计、研发、制造水平，尽快提升产品的魅力，而不是一遇到问题第一个想到的就是降价，然后就是压成本，成本压不下去，就降低标准。这不是解决之道，这是一条死循环。令人高兴的是，不少本土汽车品牌已经开始转变思路，比如吉利 2007 年就开始战略转型，此后推出的帝豪品牌在产品魅力上有惊人的进步，奇瑞在产品开发上也开始走少而精的道路。

一句话，现在的车市环境已经发生了很大转变，在消费快速升级阶段，黑白电视再便宜也不会有人要了。当然不是鼓励本土汽车品牌都去叫阵奔驰、宝马，但是，起码你要能接受赛欧、阳光、朗逸们的挑战。

2011-3-21

停车场应该谁来建

相比于中心商业区、老城区的停车难，居民住宅小区的停车难问题远没有得到政府有关部门的足够重视，因为在一些领导眼里，那是车主自己或者小区开发商的事情。

但是，在我看来，居民住宅小区的停车难问题更应该得到重视。因为去天河城买东西，或者去荔枝涌看风景，我们可以乘坐公共交通，既响应了政府号召，低碳出行，又节省了油费。但是，车可以不开，总得有地方停吧?

停车难的根源在于车多位少。车多，是社会发展进步的必然结果；位少，则可能是政府相关职能部门的缺位和失职。

停车场的归口管理部门是交通委员会(简称交委)，但是“一没钱二没地，怎么建停车场”——交委一位普通工作人员的话点到了要害。谁来出这个钱和地? 车主每买一辆车，是交了很多税的，增值税 17%，购置税 10%，消费税 3% ~20% 不等，粗算一下，一辆 20 万元的 2.0 升中级轿车，消费者一次性就支付了五六万元的税。购买后，每年还要交纳车船使用税，每购买一元钱的燃油，其中就包含了 0.45 元的综合税费！因此，停车设施和道路一样，都是社会公共基础设施，既然大家都不认为修路应该是车主自己的事，那么停车场显然也不应该由车主自己来建。

在过去的几年里，广州修了内环路、广圆快速路、机场高速、北二环、西二环，打通了滨江路、临江大道，在道路建设上，政府作为很大，但是在公共停车场的建设上呢？我们似乎做得还不够好。查了一下本地媒体的报道，2004年广州车位缺口是22万个，2007年增加到49万个，现在媒体上的说法是“缺口达到90万个”！广州的停车难由来已久，但是车位缺口不仅没有缩小，反而越来越大，恐怕不能完全诿过于“车辆增长过快”吧。

让广大车主更寒心的是，作为主管单位的交委，针对停车难的解决之道却是“提高停车收费”，因为只有提高投资回报，开发商才有投资建停车场的积极性——完全把责任推给了市场，推给了开发商。可是开发商也说得干脆，这是政府的问题，因为土地的审批和规划权力都在政府手里。

停车难，特别是居民住宅小区的停车难，是一个应该引起足够重视的社会问题。政府一方面应该严格限制新建居民住宅小区的车位最低配比，另一方面，对已建居民住宅小区的车位管理，也应适当介入，不能完全交给只追求自身利益最大化的开发商和物管。而更重要的是，在长远的城市整体规划中，要给予公共停车场所足够重要的地位，除非，我们打算退回到自行车时代。

2011-3-28

领导都是品牌控

看到一个数据，国家工商总局注册商标总数超过220万个，其中本土品牌超过170万个，中国已经是世界上品牌数量最多的国家。但是，另一方面，根据商务部部长陈德铭在一次论坛上的说法，目前世界上最有名的100个品牌中没有一个是中国的。

国内汽车行业的现状，正是中国目前品牌泛滥而名牌稀缺的写照。

虽然中国汽车没什么世界名牌——感谢李书福，收购了VOLVO，填补了这一空白，但是，中国却肯定是全世界汽车品牌最多的国家。以前每次国内的车展，媒体都热衷于罗列有多少款世界首发车型，可是大家一直都弄错了，因为都没有把我们众多本土品牌的首发车型算进去。奇瑞一家就曾经在国内车展上首发了40款车，吉利也曾首发过30余款。实际上，全世界首发车型最多的车展肯定在中国，什么日内瓦、法兰克福，都是浮云，因为他们没有中国那么多本土品牌。

中国汽车厂家的领导们肯定都是品牌控，否则很难理解他们为什么要创立那么多品牌——在销量规模还那么小的情况下。奇瑞有四个品牌，吉利弄了仨，做微车的长安开始做乘用车了，弄了一个新品牌，这情有可原，可是没多久，大约是觉得不过瘾，或者不甘心："品牌怎么能比吉利少呢？再弄一个！"于是，又有了一个新的长安高端乘用车品牌，叫什么来着——？不好意思，实在想不起来了。北汽也要做微车了，放着福田这个成熟品牌不用，非得重新弄一个，叫威旺，不知道人家东南汽车的微车品牌叫希旺吗？而且，据说，接下来北汽的自主品牌轿车还要再叫一个新品牌——人家不叫北汽牌，这得留着当伞品牌、母品牌！

品牌是一派繁荣了，可是，我却有点担心，消费者记得了这么多品牌吗？以往的经验，也已经证明并不是品牌越多就越厉害。福特、通用当年旗下品牌众多，收这个，买那个，不亦乐乎，风光无限，可是，紧接着就是关这个，卖那个，什么捷豹路虎、土星水星、悍马萨博，都成了包袱，卖不了的就关张，通用砍剩四个——这还多亏了中国市场，救了别克。福特更彻底，穆拉利一上台就提出了"一个福特"的口号，真是外来和尚会念经，人家老穆从波音公司过来，肯定奇怪汽车行业这是什么毛病，喜欢整那么多品牌，而技术设计上又没有什么实质的差异，除了分散精力，消耗资源，还有什么好处？

品牌无疑是重要的，国内汽车行业的领导们无疑对品牌也是重视的，而不停地创立新的品牌，大约是他们重视品牌的一种表现形式。另一种表现形式就是挖空心思给品牌起个响亮的名字，画个漂亮的 LOGO。可是，真正构成品牌内涵的，是这些东西吗？丰田、本田，雪佛兰、福特，标致、雷诺，都是个外国姓而已，和咱们的张氏、李氏，王记、汪记，一个意思。品牌是附着于你的产品、技术和服务的，换句话说，没有核心技术、差异化产品和服务，没有独特的文化内涵，所谓品牌，就是个名字！

中国汽车行业的现状是，五花八门的名字太多，而真正的品牌太少。

2011-4-4

教我如何不轧它

不低调不行啊。刚刚在为去年整整一年居然没有收到任何交通罚单而得意，交警同志就很败兴地寄了一张来：在某处轧了实线，罚款 200 元（有录像资料为证）。

开车这些年，一直是小心翼翼的，但是不敢说完全遵章守法，因为本人虽然从来不闯红灯，但是有时候有些实线却是不得不轧之。当初刚买车的时候，经常收到罚单，基本都是因为轧实线，有几个“黑点”，比如中大北门隧道、广州大桥收费站，都是我屡次中过招的地方。

中大北门隧道单向两车道，都是实线，最边上有一个匝道，常有车辆突然并入，急刹车往往来不及，而且有被后车追尾的危险，最好的处理措施是变线避让，但这样你就轧实线了；广州大桥收费站虽弃用已久，但是收费口两边长长的实线却同样保留了很久，上下班高峰，要挤上广州大桥，不轧到那几条长长的实线几乎是不可能的。还好，这两处交通标线后来都改了，中大北门隧道改成了虚线，广州大桥收费站两边的实线也缩短到了合理的长度。

曾经最令我抓狂的地方，是内环路从万国广场出口出来后转往新港西路的那一段，前面的路牌明明写着新港路方向，可是，转过去之后一直都是实线，也就是说你只能一路直行到晓港南路，要转到新港西路只能连轧两条实线。而前面，明晃晃就是一个摄像头。变线还是不变，那次的决心下得是相当悲壮啊！之后好长一段时间，我都再也没有走过那里。再后来，有关部门大约也发现了这个前后矛盾的设计，于是他们修正了路牌，指示司机到晓港南路掉头再上新港路。

但是，不合理的实线，让司机不得不轧的实线，依然很多。比如从广州大道南转入新滘路，一直都是实线，也就是说，你只能一直靠最右边行驶，但是，新滘路最右侧车道常常被三轮车、自行车——有的还是逆行的——所占据，你得让吧？一让你就轧实线了。再比如内环路动物园至恒福路出口一段，经常塞车，为什么呢？因为上坡，又是转弯，很多大车速度太慢，而后面的小车也只能跟着慢慢挨，不能变线超过去，因为几条车道都是长长的实线。

一位阿 SIR 说过，实线就是路上的一道墙，是绝对不能轧的。可是，你在高交通流量的道路上砌那么多、那么长的墙干什么呢？很多路，但凡是隧道，或者稍微有点弯，就是一条长长的实线，如果大家都正常开车还好，可是我们的路上常常有慢得不像话的车，偶尔还有抛锚的车，机动车道上又常常有非机动车，你说，我是夹在两堵墙中间，跟在后面活活憋死呢，还是无视这奇怪的长墙，变线躲过去呢？

交通规划是门大学问，我自然不太懂其中的玄机奥妙，但是，实线既然是墙，起的就是堵的作用，要保证车流的顺畅，不是应该多用疏的手段，少用堵的办法吗？这个道理古人早都教过我们啊。后来，几次在内环路上看到我们的阿 SIR 不辞辛劳，大热天的，躲在警车里用 DV 记录违章轧线车辆的时候，我隐约了解了——我们公路上的有些实线不完全是墙，还是陷阱。

2011-4-11

电动车的前途

日前，一台众泰纯电动出租车在杭州起火，引发了公众对纯电动车(BEV)安全性的担忧，业界也又一次就BEV的前途问题展开了新一轮讨论。

事实上，我们不能因一辆众泰电动出租车的起火，而否定所有电动车的安全，这就好比我们不能因为还有一些车碰撞达不到三星，就认为所有汽车都不够安全是一样的。安全性，当然是BEV的一个大麻烦，手机电池还会爆炸呢，何况使用环境和工况严苛得多的电动车！但是欧洲NCAP前不久做了一次BEV的碰撞测试，结果四款电动车都获得了四星的不错成绩(最高为五星)，而VOLVO的内部实验也已经证明，BEV完全可以达到和普通汽车相同的安全标准。

但是，对于BEV，我还是坚持一贯的态度：十年内基本没什么戏。不是因为它不安全，而是电池能量密度太低、成本太高、充电太慢这三大痼疾在可预见的未来，难以取得突破。

目前行业的一般水准，BEV一次充电理论续航里程都在160公里左右，实际上大约只能跑100公里，考虑到往返，目前的BEV活动半径只有五六十公里，换句话说，也就是你开一辆BEV基本上是不能出城的。在这种情况下，

BEV 作为私人用车的推广是不大可能的，这不是政府补贴力度的问题。

目前深圳和北京两地对电动车的支持已经非常给力了，在深圳，买电动车最高可以获得 12 万元的补贴，而且南方电网还承诺免费为消费者安装两个充电桩，家里一个，单位一个；北京则承诺不仅可以享受与深圳相同的补贴额度，电动车上牌还不需要摇号。力度这么大，但是电动车似乎依然没有吸引力。南方电网的有关人士透露，深圳已经建成的 2 000 余个充电桩，使用率极低，基本都处于闲置状态。

相比去年全行业的电动车燥热，今年行业、媒体、官员，对待 BEV 的态度都更趋理性和务实。前不久工信部部长苗圩表示，推广普及电动车要以电池技术取得重大突破性进展为前提，公开为电动车热降温。

和大家认为的相反，我从来都没有反对过电动车，六年前我就说过，以电力驱动为核心的新能源革命是汽车的三大趋势之一。这是因为，首先，在目前各种形态的能源中，电是来源最广泛的，风能、水能、核能、太阳能，化石燃料、生物燃料，都可以用来发电；其次，电转化为机械能的过程，可以有很高的效率、极小的能量损失，而目前的车用内燃机，大家都知道，热效率是很低的，也就 30% 上下。

但是这个大趋势，必须以电池技术的重大突破为前提，在此之前，盲目推动 BEV，可能会被市场投反对票。汽车在向电力驱动过渡的过程中，混合动力（包括插电混合动力、增程型电动车）也许是不可超越的阶段。

可是，我们的产业政策现在似乎已经明确了新能源的方向就是 BEV，我很担心，在豪赌了一把纯电动之后，我们仍然不得不回过头来重新发展混合动力。这样的担心是有依据的，十年前，汽车行业的巨头们信誓旦旦地告诉我们，2011 年将是氢经济时代，燃料电池车将大规模量产。现在都快 2012 年了，燃料电池车不是迎来了大规模量产，而是提的人越来越少，相反，当初被判了死刑的 BEV 又热得烫手。

可以肯定的是，今年的上海车展，电动车依然会是热点，但是非常遗憾，这些五花八门、花样翻新的 BEV，也只能一如既往地在展馆里热闹，成不了马路上现实的风景。

2011-4-22

负增长不是不可能的

2015年，一汽要销500万辆，上汽600万辆，东风500万辆，长安500万辆，北汽400万辆、广汽300万辆、比亚迪300万辆、奇瑞200万辆、长城200万辆……

2015年，应该是一个值得大家期待的一年，届时，国内仅前15家汽车集团的总产能就将超过4300万辆。本来，按照前两年的发展速度，2015年，中国新车总销量达到4000万辆的规模似乎应该是没有问题的，但是，今年，市场似乎有了转向的苗头，一季度增幅回落到了个位数，这让许多习惯了高速增长的中国车企很不适应。

尽管如此，在上海车展，我们依然看到无比火爆的局面，感觉是所有厂家都在豪赌中国汽车市场的未来——不赌也不行，现在除了中国，哪里还有这么大的市场呢？所以，我们采访的几乎全部外国巨头和大多数国内车企高层都众口一词地认为，未来十年，中国汽车市场依然会保持10%的增长速度。

太过乐观了。我们简单地做道算术题，以2010年1800万辆计，如果以10%的平均增幅增长十年，到2020年，中国的新车年销量就要达到4668万辆。先不考虑什么油价、停车、道路等因素，光是石油供应，用全国乘用车市场信息联席会(乘联会)秘书长饶达的话说，届时中国的石油进口量就要年增3.5亿吨，根本是不可能保证得了的。

在汽车行业里，当然也有认识清醒的，比如上汽通用五菱总经理沈阳就明确表示，负增长不是可能，而是一定的。他告诉记者，一季度市场实际情况比数据表现出来的要严峻得多，一方面去年的部分销量转移到了今年，另一方面我们看到的数据多是批售而非零售，很多车积压在渠道里。东风本田执行副总经理陈斌波也提出，今年三、四季度，出现单季负增长的概率相当大。

不要以为新能源汽车的普及能解决石油资源的刚性约束，由于电池能量密度低、成本高、充电时间长这三大不足，在可预见的未来难以突破。2020年前，电动车的大规模普及几乎是不可能的，包括J. D. POWER在内的国际著名市场咨询机构都预测2020年前，电动车的比例难以达到10%。退一步讲，即使电动车取得重大技术突破，可以大规模普及了，但是电从哪里来？资源的刚性约束在新能源时代，会依然存在。其次，停车难、堵车严重的问题，对电动车是同样存在的。

不用说太久之后的事情，眼下，汽车行业面临的不利因素就很多，挑战就很大。吉利汽车总裁杨健一口气列举了好几条，如通货膨胀、汇率变动、劳动力成本上升、产能放空、恶性竞争，其实，还远不止这些，油价持续上涨，“迈八奔十”而去；城市堵车严重，大城市纷纷拟定限购、限行政策；车位比房子还贵……

一季度的车市调整还只是刚刚开始，车市不增长甚至负增长是完全有可能的。不管你做好了准备没有，迈过1800万辆大关的中国车市已经不再可能高歌猛进。至于2000万辆还是2500万辆，顶在哪里都有可能，但顶是一定存在的，而且可以肯定的是，4000万辆是不可能的——别用千人保有量的概念和我辩论，因为社会刚性约束摆在那里。

当然，就像长安集团董事长徐留平所说，调整也是好事，否则落后产能就无法淘汰，行业就不能真正进步。从这个角度来看，我们要以积极的心态去面对今年可能出现的车市负增长。

2011-4-25

13

无聊的遐想

五一放假，哪都没去，闲着无聊，算了笔小账：现在的油价已经破八，以百公里8升的综合油耗计，一辆中级私家车每公里油费超过6角；停车费每月算600元，一年就是7200元；一年行驶里程不多，算15 000公里，其中5000公里是高速，那么高速路费大约要3000元；一年正常保养三次，每次500元，就是1500元；再加上年票、车船税、保险，以及偶尔的罚单什么的，起码也要4000元；这样下来，一辆中级轿车，平均每公里的费用就超过1.6元。注意，这还没有考虑买车上牌的费用，而且是在没有任何零配件更换、维修事项发生的前提下。

如果把车辆折旧、修车换件的成本也考虑进去，一辆私家车每公里的平均使用费将远远超过2元钱。这么一算，还是让我有点小小吃惊。因为坐飞机每公里费用也不过只有1元钱，比如广州飞北京，1980公里飞行里程，经济舱全价是1860元(含110元燃油附加费和50元机场建设费)，每公里不到1元钱，考虑到有时候能买到打折机票，每公里飞行费用甚至可以低至5角钱！

原来每天开车，比坐飞机贵多了，开车每公里成本几乎是坐飞机的2~4倍！没事还是尽量少开车吧。

事实上，我放弃开车上下班已经有好些时日了，我和别人开玩笑说，刚工作那几年天天挤公交，目标是攒钱买车，终于开上车了，现在又挤回公交了，一下回到了十年前——还不如十年前，因为那时的公交没现在这么挤。

不过，我放弃开车上下班，倒不是因为算计过每公里费用这么高，而是因为在单位附近实在找不到地方停车。于是，我花了十几万元买了部车，交了好几万元的消费税和购置费，每年老老实实地买了全年的年票和车船税，然后每天却要去挤公交，我并不觉得这有多么不合理，因为谁让我选择在广州这样一个千万级人口的大城市工作和生活呢。

但是，我却有点替这个行业感到担忧——毕竟我现在也算是吃汽车行业这碗饭的：这样的消费环境实在算不上健康。油价高、路费高、停车难，似乎都各有道理，消费者没有什么选择的余地，最终可能会用脚投票，车，还是不买也罢！可是，在火爆的上海车展现场，看着馆内汹涌的人头，我想，这个行业不要说一下子衰了，即使就此停止了增长，得有多少人会保不住饭碗啊！从这个角度看，也许，政府或者相关部门应该考虑改善一下汽车消费环境了。我并不奢望油价能降下来，起码停车难的问题可不可以不要完全推给市场？起码一些路桥收费能否设个等得到头的期限，不要动不动就是50年？或者，像我这样低碳节能的典型，能不能适当鼓励一下，把我交的年票啊、消费税啊、车船税啊什么的，返还一点给我？

以上，全是放假无聊时的遐想，当然不必认真。

2011-5-9

棺材铺发财

一般而言，看到别人发财，我多半会替他高兴，佩服人家有本事。当然也会有例外，比如药店生意好，医院大发财。作为老百姓，谁都不希望棺材铺生意旺；作为车主，见到卖油的、公路收费的大发财，心情自然也不会佳。虽然一早凭感觉就知道中国的路桥公司一定很来钱，但是其盈利能力居然超越大家公认的暴利行业——房地产和金融业，还是有点让我吃惊。

5 月 9 日的《羊城晚报》载，2010 年 19 家上市高速公路公司 8 成毛利率超 50%，最高的达 88%，毛利率堪比茅台！路桥收费业已经超越房地产和金融成为国内第一暴利行业。其实，赚钱能力更强而没有上市的高速公路还很多，比如广深高速，2002 ~ 2009 年，共收路费 242.48 亿元，平均每年收费 28 亿元。

《大河报》载，河南高速洛阳分公司，管辖连霍高速洛阳段，全长 98 公里，公司下设 6 个收费站，共 405 名职工。也就是说，人均管理高速公路 242 米。看来，高速公路不仅盈利能力强，在解决就业方面贡献也很大，这一点，广大车主应该正确看待。

除了路桥公司，石油公司的盈利能力，也让我们这些车主很有想法。亚洲最赚钱的企业，不是丰田、本田，也不是索尼、三星，而是中国石油。2010年，中国石油实现净利润1399.9亿元，同比增长35.4%，这还不是最厉害的，2006年和2007年中国石油净利润都超过了1400亿元；中国石化稍微差点，2010年净利润也达到718亿元。

我承认，见别人挣钱就不爽的阴暗心理，自己大约多少还是有点残留，应该调整一下自己的心态。中国石油、中国石化这么能挣，也未必就是因为垄断，说不定的确是人家经营有方、成本控制得力也未可知。君不见中国石化的分公司老总有空还倒腾一下茅台吗？为控制成本，人家食堂里不是连萝卜都分段烹饪吗？可是，高油价和高过路费带来的毕竟是高昂的社会公共成本。2010年，中国物流费用占到国内生产总值(GDP)的18%，比发达国家高出了一倍！各种过路、过桥费据说已经占到运输企业成本的1/3，你是暴利了，可人家活不下去了。

据美国卡车运输协会的数据显示，包括司机工资、过路费、保险等所有支出在内，美国用卡车运输商品的成本约为每英里1.75美元；而在我国长三角和珠三角地区，虽然卡车司机每小时工资只有美国的1/68，但是运输成本却高达每英里2.5~3美元！

现在居民消费价格指数(CPI)这么高，通胀压力这么大，高油价和高过路费大概有不小的贡献吧。从节能环保的角度看，我是支持高油价的，但是不应该把高油价都变成石油公司的高额利润，而应当回馈社会，最好的办法当然是实施燃油税；而高速公路，即使是企业筹资兴建，既然是“公”路，它的主要属性就还是社会公共基础设施，而不只是某些公司的挣钱工具。

在充分竞争的行业，中国企业的盈利能力越强，我们就越高兴，作为国民与有荣焉；但是，那些享有垄断地位、占有大量公共资源、有社会公益属性的行业和企业，盈利能力还是弱一些的好。可惜的是，我们现在的社会，不仅高速公路、石油公司挣钱爽，医药、棺材铺——现在叫殡仪馆，甚至教育，都成了暴利的行当，这让人情何以堪。

2011-5-16

猪是怎么死的

休假回来，就看到许多关于高速公路收费的相关报道，刚好，最近自费去意大利自驾游了一趟，对意大利的公路收费情况比较有体会，于是在此也想再就这个老话题说道说道。

六天的自驾行程，总里程大约是1300公里，其中走了三段收费高速，分别是米兰到菲诺港，菲诺港到比萨，以及威尼斯到米兰，这三段路总里程大约是600公里，路费分别是10.5欧元、11.9欧元和17.3欧元，合计39.7欧元，按照1欧元兑9.2元人民币的汇率计算，也就是大约365元人民币，合每公里大约6角人民币，与国内的高速公路收费标准相当。

但是，且慢！我们的人均GDP是4000美元出头，人家可是30 000美元以上，也就是说人家的人均GDP可是我们的7倍。而且，汇率实际上也不能完全反映货币的真实购买力。比如，我在意大利的麦当劳，买最便宜的一个套餐——就是一个汉堡加一包薯条再加一杯可乐的那种，也要8点几欧元，可是在国内大约也就15元人民币吧。如果这么——也就是按照所谓的“汉堡平价购买力”——计算，1欧元也就不到2元人民币，那么人家的高速公路每公里收费折合人民币就只有区区的0.13元！也就是只有我们的大约1/5。

如果不是以汉堡，而是以收费公厕为标准，那就差得更远了。在欧洲，上一趟公厕一般是0.5欧元，这个费用够你在意大利的高速公路上跑大约7.5公里；国内的收费公厕一般是多少？应该不会超过0.5元人民币吧，5角人民币还不够你在国内的高速路上跑1公里。也就是说，如果是以“如厕平价购买力”来计算，我们的高速公路收费标准是人家的8倍！

是的，在意大利玩了一趟下来，吃的贵，住的也贵，上个厕所更贵，而唯一让我觉得便宜的，就是公路收费。我想，经过上述累赘的证明，您应该可以同意我的看法了吧。

一方面是收费公路收费标准低，另一方面是收费公路少。比如，我从佛罗伦萨到威尼斯就没有走收费公路，选择了大约300公里的免费公路，虽然不是高速，但是路况很好，有些路段也是全封闭的，和收费公路没太大区别。放在国内，这300公里道路完全可以弄它七八个收费站嘛，每个站收它个五六元钱不多吧——也就上10次厕所的钱嘛。

意大利现在经济比较低迷，不怎么景气，因为受金融危机冲击较大，还不幸和葡萄牙、希腊、西班牙一起，被称做“欧猪四国(PIGS)”。这倒很贴切，猪是怎么死的？笨死的！放着公路收费这么容易挣钱的买卖不会做！也不知道来中国取取经，我都实在看不下去了——不知道吗，现在中国最暴利的行业，一不是金融，二不是房地产，而是路桥收费！

关于他们笨的另一个证明是，收费居然还带着零头，什么10.5元、11.9元、17.3元，在国内哪有这么收费的！连3元都嫌麻烦，直接收5元；8元也不痛快，收10元多顺手！有关方面说了，这是为了提高通行效率，也是为车主们着想。听听，多知道疼人！

2011-5-30

居然不是假新闻

看到湖南岳阳中石化加油站出售“问题油”，导致近万辆车故障的消息，我的第一反应是“不大可能吧”。很遗憾，中石化很快承认了确有其事，并迅速对涉及车辆进行了赔偿。没过几天，更离谱的新闻出现了，浙江温州中石化加油站出现了“掺水油”，4S店维修人员从一辆中招车辆中抽出超过1200毫升水，据此计算掺水率达2.8%。虽然有岳阳事件在前，我的第一反应依然是不敢相信这是真的。

说实话，油品不太好，我们都已经习惯了，这么多年以来，一些品牌——尤其是一些进口豪华品牌汽车，一遇到消费者的质量投诉，就拿中国的油品说事，也从来没见中石化、中石油要和人家打维权官司，看来，我们的油品的确是有点事可以说的。

可是，油品再次，也不至于掺水吧！所以，我的第一反应是：这是一条假新闻，中石化被人恶搞了。

但事实再一次教育了我，被恶搞的人是我。中石化再次迅速承认了事件。我有点晕菜，这是哪一出啊？还是网友们有才，他们调侃说，油里掺水2.8%，这算不算是一种混合动力啊？或许这是中石化的一项重点实验也未可知，“兑水油”虽然没有“水变油”那么伟大，如果搞成了，国家科技进步一等奖那是跑不掉的，人家中石化的领导入围个工程院院士候选人，你们不是说三道四吗？这个实验如果成功了，中科院、工程院两院院士都不在话下啊。可惜的是，这不是实验，是“设备故障”造成的意外。

不论如何，从两件事的处理过程来看，中石化起码态度还是好的。首先，是在赔偿方面很爽快，没有推三阻四——反正也不是花自己的钱；其次，承认错误很爽快，虽然在岳阳“问题油”上开始还希望大事化了——这也是人之常情嘛，但是在“掺水油”问题上，态度就很主动，没有找什么“外购”之类的客观原因，很痛快地承认是自家“设备故障”、“部分人员对设备情况不熟悉”造成的。

这样的姿态，已经让我很感动了，要知道人家是中石化啊！你求得着人家，人家求不着你啊！前几年闹油荒，到处加不到油的日子，我是须臾不敢忘怀啊。

奉劝大家也别拿着放大镜，纠住点小辫子就试图不放。前些时候广东石化曝出个什么“茅台门”，大家以为中石化多奢侈，结果呢，人家说了，“我们节俭得很，食堂里萝卜都分段吃。”掺水油之后，一些人又试图总结中石化管理不善，缺乏社会责任感，事实呢，中石化迅速发布了企业社会责任报告，无可争辩地论述了“每一滴油都是承诺”的事实。

大家这么喜欢抓中石油、中石化的小辫子，不外乎就是因为对油价有意见嘛？可是，低油价的日子已经一去不复返了！大家要正视这个现实。我可以很负责地告诉大家，油价还会继续涨——虽然最近国际油价跌了，不是一再告诉过你们嘛，为了承担起社会责任，为了给高企的 CPI 减轻压力，之前的油价就从没涨到位！油价还会涨的另一个重要依据是，就在岳阳“问题油”事件之后不久，立刻就有某某委的官员出来放话了——接下来成品油供应可能会吃紧！

2011-6-7

一切鼓励买车的政策都应退出

4 月份，中国汽车市场出现了轻微的负增长，5 月份，汽车销量继续下滑，于是很多人大喊受不了，认为市场调整是因为汽车下乡、购置税减免等政策过早退出所致，于是呼吁政策不能退，政府应重新考虑刺激车市。

可是，中国的车市真的需要刺激吗？即使完全没有增长，今年的汽车市场规模也已经超过 1800 万辆，稳居世界第一。在规模这么庞大的汽车市场里，能不能生存发展，要看企业自己的本事。整体汽车市场最近虽然有所下滑，但是某些细分汽车市场——比如 SUV 以及高档轿车，某些品牌——比如长城、起亚，还是有很高的增幅，汽车市场已经从高速增长的黄金十年走了出来，未来是快速升级的白金十年，只要能把握住消费快速升级的市场节奏，中国的车市依然机会无限。

没有哪个行业可以一直无限制地高速增长下去，无论是 2000 万辆，还是 2500 万辆，中国汽车市场一定会在达到顶峰之后进入平稳起伏状态，中国汽车行业要适应那样的市场常态。难道非得靠政策刺激出又一个高增长的黄金十年才行？新车销量非得达到 3000 万辆、4000 万辆才行？社会和环境资源的刚性约束，都决定了那是不可能的。

2008 年的金融危机来势汹汹，在那样的大环境下，对重点行业进行阶段性的刺激和补贴，是有必要的，但是任何行业都不能长期靠政策吃饭。当时出台的一系列鼓励买车的政策，虽然令整个行业狠狠地爽了一把，但是副作用也非常明显。中国新车销量连续两年涨幅超过3成，特别是去年，在基数已经很高的情况下，车市依然出现了井喷式增长，这种非正常现象打乱了市场自身的发展节奏，破坏了市场秩序，导致整个行业陷入疯狂的产能大跃进、渠道大跃进，为未来的发展埋下无穷隐患。

任何市场都有自身的发展规律，政策的介入必须小心翼翼，可是，我们的政策干预往往失之野蛮粗暴，这边还在发放着补贴，那边却又开始限制上牌。车市的这一轮“鼓励—限制”的政策干预，和之前对房地产的干预何其相似，先是打压房价，后来又鼓励买房，再后来又是史上最严限购令，市场哪里经得起这么折腾。

任何好的鼓励政策在实际执行中都有可能走样、变形。比如3000元的节能惠民补贴，初衷是鼓励节能环保和自主创新，但看看那些受补贴车型的长长的名单，有多少是代表了这个行业技术发展前沿的?

技术先进的真正好车，是不需要你那3000元补贴的，市场上就有不少车型一面领着国家发的3000元补贴，一面却在加着价销售；于是，这种本意是鼓励节能环保和自主创新的3000元补贴，反而成了对落后产品的鼓励。

有时候我们按照自己的主观愿望行事，以为可以走出一条捷径，或者实现弯道超越，但结果却可能是走得更曲折。比如对所谓新能源车的补贴，我们现在对纯电动车的补贴力度已经够大，在深圳，买电动车最高可享受12万元的补贴，还可以获得免费安装的两个充电桩，但是，纯电动车并没有进入发展的快车道，在未来相当长时期内，大约也难以发展起来，因为市场暂时还不接受。我们大力补贴纯电动车，而不鼓励混合动力车，但是，混合动力车恰恰可能是不可逾越的一个发展阶段。政策搞错了方向，最后还是要企业来买单的。

所以，别以为拿着补贴很爽，你以为吃的是补品，里面有没有塑化剂、三聚氰胺，难说得很呢。

换一个角度，现在，在中国买得起车的人起码不应算是穷人，在医疗、教育、社会福利保障等那么多公共事业都还很不完善，很缺投入的情况下，任何对买车行为的补贴和优惠，都有失社会公平。

2011-6-13

发展新能源车要顺应市场

奥迪第一款混合动力量产车型——Q5 Hybrid Quattro 即将于今年四季度上市，在欧洲市场的起售价格是53 700欧元，并且，这款中型强混SUV，也将于明年被引进到中国市场。

至此，奔驰、宝马、奥迪，德国的三大豪华汽车品牌都已经有了自己的量产混合动力车型。这并不值得大惊小怪，值得一提的是这些欧洲汽车行业巨头对Hybrid态度的转变。仅仅是几年前，欧洲几乎所有的汽车企业高层对混合动力车所表现出来的不屑态度，令我印象深刻。当时丰田的混合动力车已经开始卖得不错，而欧洲的汽车巨头，在混合动力领域似乎一直没有什么响动。当时的欧洲汽车巨头们甚至对记者提出的“如何看待混合动力”这样的提问都觉得无聊，回答往往只是勉为其难地敷衍一下。

“混合动力只是一种过渡性的技术，从节能环保的现实角度来看，我们更看好清洁柴油技术。长远来看，终极解决方案是燃料电池。”这是当年欧洲某汽车集团研发董事在接受我采访时的回答，几乎也是欧洲汽车行业当时对混合动力问题的标准回答，“可是，那么柴油混合动力呢?”我问。于是这位大佬开始顾左右而言他。

果不其然，欧洲的标致汽车第一个在车展上推出了柴油混合动力车型——虽然还一直没能投入量产，奔驰、宝马则很快就把自己的混合动力汽车推向了市场。大家对混合动力技术的态度发生了 180 度的转变。

理想归理想，现实是现实，没错，混合动力汽车的确只是一种过渡性解决方案，因为它依然要依赖传统能源，但是，现在看起来，这个过渡阶段也许是不可逾越的。

欧洲和美国汽车巨头们都已经认识到了这个现实，调整了各自的新能源路线图，但是，在新能源技术领域最乏成果的中国，现在却似乎认死了直接上纯电动的华山一条路，制订了雄心勃勃的电动汽车发展计划，对电动汽车发放高额的补贴，又是成立央企联盟，又是搞示范运行试点，举国上下大张旗鼓，但是，非常遗憾，市场很不配合，反应非常冷淡。

据科技部“863”计划节能与新能源汽车重大项目办公室副主任甄子健透露，国内私人电动汽车销售几乎毫无进展，2010 年，上海已经上牌的全部电动汽车仅有 10 辆，其中可能只有两辆是私人购买的，在杭州购买纯电动汽车的也仅有 25 人。而据南方电网的有关负责人透露，虽然深圳推广电动汽车力度很大，也已经建成了 2000 多个充电桩，但是这些充电桩基本上处于闲置状态。其实，纯电动汽车在国外的情况也大致如此，日产聆风在美国卖了几百辆，就兴奋不已，可是，丰田的混合动力车型全球累计销量已经超过了 300 万辆，其中普锐斯在去年已经成为全日本最畅销车型，在美国也一度跻身所有汽车月度销量的前十。

我并不反对电动汽车，相反，我一直都认为以电力驱动为核心的新能源革命是汽车行业的发展方向之一，但是，我们不应该采取和市场叫板的姿态，而应顺应市场，从目前的实践来看，包括插电混合动力、增程型电动汽车在内的广义混合动力技术，可能的确是迈向完全的电力驱动时代不可逾越的阶段，所以，我们的新能源发展路线图是不是也应当做一些调整——和欧洲已经作出的那样?

2011-6-20

人人都是文明之星

正排着队上桥，旁边一辆车硬生生插进来；转弯车道明明绿灯，可前面一辆车却偏偏不走，因为它要直行；以正常速度行驶却被前面慢车阻挡，不得不刹车；十字路口一个方向明明已经堵车，后车却还要顶上，结果两个方向都走不了；车位本来就少，偏偏有车乱停，本可以停两台车的地方，只能停他一辆……

上述情形，相信开车的谁都遇过不少，自然也都非常令人光火，稍微留意了一下，只要聊到这个话题，几乎没有谁不抱怨别人乱开车的。这就很奇怪了，既然大家都对诸种不文明驾驶行为深恶痛绝，那么我们的交通应该比较文明才是啊。可事实是，国内的交通文明现状，毫无疑问是我所见国家中最差的，每年高居世界第一的事故发生量和交通肇事致死人数也可佐证此点。

我们很多人的文明标准大约都是专门针对别人的，所有人都在抱怨别人乱开车、乱停车，而很少有人反省自己的日常驾驶行为。文明的核心是什么？我想应该是尊重他人；文明的关键是什么？我想应该是自律。

所以，2007 年，《广州日报(车天下)》联合广州市交警支队、东风日产共同举办第一届文明驾驶之星评选活动的时候，我们就提出文明驾驶的两大原则，第一就是要尊重其他交通参与者，第二是不影响道路通行效率。

开车要遵守许多规章制度，比如红灯不能闯，实线不能轧，那是底线，犯了就是违法。而如果一个人仅仅只做到遵章驾驶、遵章出行，那么我们的公路一定是可怕的地方，行人骂司机，司机咒行人的现象就会继续。只有所有交通参与者都互相尊重，我们才能有一个和谐的城市交通环境。尊重其他交通参与者，是构建交通文明的前提。

对于城市而言，道路通行效率也很重要，很多问题就是出在堵车的时候，所谓“路怒症”，也是因为堵车才容易发作，所以在城市里，文明驾驶的另一原则就是不影响道路通行效率。比如在上了广州大桥之后，拜托稍微加点油；路过事故现场，就不要减速观望了，本来就够堵的，赶紧通过吧！

在国外开车，很多无信号灯的路口，只要我在干道上，都可以放心大胆地快速通过，因为我知道支道上绝对不会有车突然抢出来；同样，如果是我在支道上，即使干道上没有车，我也要在路口停一下。这是一种习惯，你可以嘲笑这种习惯迂腐、呆板，但是，当大家都有了这种习惯之后，你就会发现它真的是个好习惯。

问题是，怎样让大家都养成这种好习惯呢？我想，没有任何其他办法，只能是大家都从我做起。这也正是我们连续举办文明驾驶之星评选大型公益活动的初衷。很多人说了，驾驶文明与否，关键要看平时，怎么能通过比赛选出一个文明驾驶之星来呢？没错，我们举办这个活动，当然并不是要找到全广州开车最文明的那个人，事实上这个人也找不到，我们只是希望通过这一形式，让更多的人参与进来，让更多的人从我做起，让大家都意识到，文明驾驶并不是为了别人，而是为了自己，尊重别人，即尊重自己。只要大家时刻都怀此心，那么无论你参不参加我们的这个活动，你都是文明之星。

2011-6-27

两则迥异的预测

电动汽车的前途到底如何，众说纷纭，莫衷一是。

波士顿咨询公司预测，2020 年，中国将成为全球最大的电动汽车（EV）市场，欧洲和美国分列二三位。波士顿咨询公司在一份研究报告中表示，中国未来十年将会有 500 万辆电动汽车（EV）上路行驶，大约相当于同期新车总销量的 7%。

而日本野村综合研究所的预测结果大不相同，野村预测 2020 年全球包括混合动力在内的广义电动汽车市场约为 850 万辆，其中混合动力汽车（HEV）将超过 600 万辆，插电混合动力汽车（PHEV）超过 100 万辆，而纯电动汽车（EV）则不到 100 万辆。

假设 2020 年中国新车销量为 2000 万辆（应该是比较保守的数据吧），按照波士顿的研究，其中 7% 是 EV，也就是说，仅中国的 EV 年销量就将达到 140 万辆。而按照野村的预测，2020 年，全球 EV 的年销量也不到 100 万辆！

两种预测，哪个更科学一点呢？我倾向于后者。

不知道波士顿咨询公司为什么对中国电动汽车前景如此乐观，也许是基于中国政府对电动汽车的巨大热情吧。比如进入私人购买新能源汽车试点的几个城市，都有雄心勃勃的目标，深圳计划到2012年实现私人购买新能源汽车2.5万辆；杭州计划地方财政投入8.6亿元，2012年实现私人购买新能源汽车2万辆；上海、合肥、长春等地也都制订了1万~2万辆的目标；广东省则计划2012年电动汽车要占公务车1成比例，力争3~5年达到3万辆规模。

虽然政府雄心勃勃，可是市场却并不买账。听说北京2008年奥运会期间投入的50辆纯电动公交车去年已经全部停运，后续采购的50辆纯电动公交车还躺在厂家“睡大觉”；私人购买新能源汽车的试点情况更不理想，全国5个示范城市的新能源车私人用户寥寥无几。

新能源是一定要发展的，但是路线设定要科学。现在看来，混合动力、插电混合动力、增程型电动汽车，是最后发展到纯电动和燃料电池车的必经阶段。目前来看，纯电动汽车续航里程过低，电池成本过高，充电时间太长，离市场真正认可和接受的水平还相当遥远，在这种情况下，电动汽车很难被市场接受，即使你给再高的补贴——据悉，中央与地方规划的过百亿元补贴就发不出去，私人购买新能源汽车试点工作启动一年来，真正发放的补贴不足1亿元。

令人高兴的是，工信部即将出台的《节能与新能源汽车产业发展规划》里给了混合动力汽车应有的地位，具体提法是“以混合动力汽车为代表的节能汽车”。看来，工信部和我一样，是更相信野村的预测一些的。波士顿也罢、野村也罢，他们的市场研究做错了，无关紧要，可是，如果政策制定出了偏差，将来那么大的单，到时谁来买呢？

2011-7-4

J. D. Power 大礼包

一个朋友，托人买了辆某豪华品牌轿车——你们也知道，现在很多车都要排队或者加价，于是本来应该是上帝的，反而变成了还要求人，不用排队居然提到了现车，这位朋友自然是非常高兴，没过多久，他遇到了更加高兴的事，以至于实在忍不住要和大家分享，原来他接到了著名的市场调查机构J. D. Power的访问电话，他第一时间告诉了4S店，4S店立刻拜托他，给每一项都打满分，承诺送他5000元工时券外加4次免费保养。

豪华品牌的4次免费保养加上5000元工时券，总价值也接近万元了！这不是天上掉馅饼，而是J. D. Power给他派的大礼包。

其实这位仁兄的经历并不鲜见，虽然J. D. Power的调查取样有限，能中大礼包的人也非常稀罕，本人这么多年来，虽然日思夜盼，就从未接到过J. D. Power调查员打来的电话。但是各厂家对售后服务都非常重视，并把客户满意度作为对经销商的一项重要考核指标，所以我在几乎每家4S店都有过这样的经历，工作人员总是拜托我："如果接到厂家的电话调查，麻烦帮忙打10分。"当然也会送工时券若干，或者工时费额外8折之类。不过很可惜，迄今我也没有接到过这样的电话，所以连这样的小礼包也都没有机会拿到。

为什么要打10分，服务固然不错，可是满分也夸张了点吧？9分不行吗？4S店的回答是，厂家要求必须达到满分，否则年底的“返点”就会少很多。现在，对于很多动不动就大优惠的汽车品牌而言，4S店卖车已经不怎么赚钱了，都指望着年底厂家的返点呢。

对于接到电话的车主，随口说个10分，不仅帮了人家大忙，而且自己也有大小礼包可拿，何乐不为；对于4S店，送个小小礼包就能换个客户满意度满分，顺利通过厂家考核，拿到足额返点，何乐不为；对于厂家，在充分竞争的汽车行业里，客户满意度是怎么强调都不过分，于是9分才及格，10分才过关，也是顺理成章的事情。可是，这样得到的客户满意度还有什么意义呢？

一方面是在调查结果上造假，另一方面是客户满意度考核评价指标僵化教条。比如客人进店应该在几秒内有人接待，饮料要有几种，更有甚者，有的居然规定，电话必须在第几遍铃声响起时接听，不多不少。现在的很多4S店客户休息区，搞得比航空公司贵宾室还要豪华，有饭吃、能上网，甚至连脚都有得洗，服务员态度比星级酒店还要好，这些当然都很好，但是客户满意度只是这些细枝末节吗？作为一个车主，个人认为，那些无微不至的招待，并不能带给我多少愉悦，你只要能更快、更好、更便宜地把我的车整好，比什么都强。

2011-7-11

抱怨不能改变任何事

停止抱怨，行动起来。

前几天，已经过了晚上10点，广州大街上却严重塞车，很明显，这个时段塞车，只有一种可能——前方有事故。果然，两辆小车在广州大桥发生碰撞。

大家都在抱怨塞车，抱怨交通规划不合理，抱怨特权车横行霸道，抱怨行人乱过马路，但是交通秩序会在一片抱怨中变得更好吗？广州大桥已经成为很典型的交通瓶颈，当然和城市交通规划有关，但是大家的挤和抢，是不是在一定程度上加剧了堵塞？有时候，这甚至可能还是最首要的原因，比如那天晚上，如果大家都能时刻提醒自己做一个文明司机，不是互相抢行，而是互相礼让，那起小的碰撞就根本不会发生，那个时段，广州大街也就压根不会塞车。

很多东西是我们改变不了的，但是我们可以改变自己的行为，而且，个体的这种小小改变，是很有可能带来整体的大大改观的。

很多人不理解《广州日报（车天下）》为什么要连续举办文明驾驶之星评选这样的大型公益活动，我们不想过多拔高这个活动的意义，我们的初衷很简单，就是不愿总是把文明驾驶停留在口头上，停留在对别人的号召上，我们觉得应该做点实际的行动。起码，自从举办这个活动以来，我本人的文明驾驶意识提高了很多，以往难免还会和人斗点气、抢个道，现在大致上不会了，因为“尊重其他交通参与者”这个口号，是我们自己提出来的。

我们无法回头地走进了汽车社会，汽车不可阻挡地驶进了普通人家，交通、环保的压力随之而来。但是，停止抱怨吧，因为抱怨不能让任何事情改变。

在我们第三届文明驾驶之星评选活动进行的同时，奥迪也做了一件让我觉得很有意义的事情，奥迪绿色之源专项基金——淘宝官方店正式上线，任何人只需点击鼠标，就可以通过该网站轻松实现个人碳补偿。奥迪的承诺是，在网友购买碳汇的同时会捐赠等额款项支持碳汇林种植。

气候为什么越来越极端，环境为什么越来越糟糕，我们已经抱怨得够多了，但是什么也没有改变。行动起来吧，当然，我的意思并不是说，你只要花点钱购买碳汇抵消自己的碳排放就够了，因为一棵树 30 年只能吸收 200 千克二氧化碳，只能抵消你从广州到上海的一次飞行所产生的碳排放。此外，我们还有更多可以改变的地方，比如自带购物袋，拒绝塑料袋——即使是免费的，比如出门能不开车就不开车，比如能不开空调就不开空调，尽量节约用水……，在实际生活中，可以改变的地方还有很多。就开车这件事而言，我自己的体会是，礼让一下，心情都会好很多。

2011-7-18

吃饭等位和买车加价

“前几年都是找我帮忙买日本车，怎么都劝不住；这两年都是找我帮忙买德国车，同样怎么都劝不住。”前几天在微博上的一句不经意的感叹，却引起了热烈的关于应该买日本车还是德国车的争论。

我一点都没有要引发这种讨论的意思，不过是感叹消费者的盲从和不理性。前些年，日本车如日中天，好多车都要加价，消费者趋之若鹜，托朋友找熟人，非买到不可，实在不行，多加好几万元买一辆的也大有人在；这两年，日本车势头不再，轮到德国车火了，好多车都要加价，消费者也掉了个个儿，打破头非要买，加价5万元、排队半年也不在话下。而曾几何时，那些风光无限，加价排队的日本车，现在优惠好几万元，消费者反而不怎么待见了！

无论如何这都不是理性成熟的行为方式。其实车还是那些车，技术也还是那些技术，日本车不会在这短短两年时间里变得一无是处，而德国车也同样不会在这两三年里脱胎换骨，时势不同尔。

世界上有两件事是我所最不能理解的，一谓吃饭等位，二谓买车加价。很多人说有同感，或曰前者还稍微好理解，因为某家大厨也许真有独门秘方，而食客又恰好好他那一口，并且本来也闲，稍等无妨；而后者实在令人费解，因为汽车工业发展到今天，已经100多年，谁家也没有什么独步江湖的秘技、技术质量，甚至设计都已经严重同质化，市场上主流品牌之间，实在难说谁的产品一定就比谁好多少，甚至于连服务也都大同小异。所以聪明务实的消费者一定不会去买那些加价车，相反，他们会反潮流而动，前几年日本车火，是买德国车的好机会，现在德国车火，则是买日本车的大好时机——三两年前还要加价排队的很多车型，现在动辄优惠好几万！

当然，消费是纯个人的事情，爱等位等位，爱加价加价，别人无需置喙，但是，我还是愿以朋友的身份，向大家介绍一下我的选车观——第一，挑一款好看的车，关键是自己喜欢，这非常重要；第二，搞清楚自己的需求，别看人家买SUV，你也买SUV，你真需要的也许是一款MPV；第三，选一个主流品牌是保险的做法；第四，普通家用，可靠性、经济性、舒适性比加速性能什么的重要得多；第五，有钱也不当冤大头，不要盲目追求高配置，很多配置纯是摆设，或者没啥用，或者很少用得上，最典型的大概要数后座娱乐影音系统；第六，别太介意什么安全性，主流品牌同级车型之间，安全方面的差异已经很小，大家都已做得很好，现在主要不安全的因素是司机本身，而不是车，与其把安全托付在各种安全配置和钢板厚度以及C-NCAP的碰撞星级上，不如养成文明驾驶的好习惯。

2011-7-25

品牌崇拜

看到苦主们对达芬奇家居的控诉，我虽然没有幸灾乐祸，但也实在无法同情。我想，假如这个山寨洋品牌的外衣没有被揭穿，或者，甚而至于，它的家具竟真是100%的意大利进口货，那么同样的家具，那些消费者是不是就觉得物有所值了呢?

几十万元的达芬奇沙发，并不比那些几万元的名牌皮包更离谱，已经有国际名牌被迫承认，很多价格高昂的皮包实际上都是中国工厂代工生产的，但是并没有打上“Made in China”，也就是说，不少让众多国人趋之若鹜的世界名牌皮包，实际上和达芬奇家具是一丘之貉。

在我看来，达芬奇事件背后，是部分——也许还是相当大的一部分——中国消费者畸形的品牌崇拜，特别是洋品牌崇拜。

品牌要认，但是没必要崇拜。其实，在汽车消费领域，洋品牌，特别是洋豪华品牌崇拜现象同样广泛存在。

今年车市整体表现一般，但是豪华车市场火得不行，听说某款进口豪华SUV居然要加价30万元，真是让人目瞪口呆。要知道进口豪华SUV本来定价就高，还要加这么多钱，难道果真是人傻钱多?!

随着竞争越来越激烈，现在很多普通品牌产品也越做越高档，在技术含量、材质工艺等方面和某些豪华车差距已经很小。在不久前的迈腾上市会上，一汽大众的一位外方代表在讲话中花了很大篇幅在论述，其实他们的新迈腾是完全可以和奔驰 C、宝马 3 系一比的。摒弃品牌因素，他的话基本是符合事实的。所以我们看到，在国外，所谓豪华品牌与普通品牌之间的溢价并不大，附表是上一期美国《消费者报告》里的美国市场部分车型价格数据，可以看到，相对普通品牌车型，豪华车溢价高的也就几千美元，而国内动辄则高 10 万、20 万人民币，有的价格甚至比普通车型的两倍还多！最近，由于竞争激烈，奔驰、宝马、奥迪的一些车型，市面价格优惠幅度很大，大家都觉得“哇，好低啊”！实际上，只不过是它们的价格回归到了自己本来的价值水平附近而已。

车型	价格(美元)
宝马 328i	39175
奔驰 C300 sport	37325
英菲尼迪 G37	37225
奥迪 A4 quattro	35895
沃尔沃 S60 t5	35100
雷克萨斯 is250	33734
萨博 93 turbo	31615
大众 CC	32680
别克君威 turbo	32135

2011-8-1

“深喉”不深

前几天，半夜里电话响了，惊了一身冷汗——大家都知道，做媒体的最害怕午夜铃声，道理嘛，你懂的。接了电话，还好，只是一位做网站的同行打来的，问我对北京奔驰的销售职能将被奔驰中国接管一事的看法。我的回答可能让这位同行非常失望，我说，这不过是一桩小事，不值得你夤夜打电话来扰人清梦。

对所谓的奔驰营销资源整合大战，各大媒体都在第一时间连篇累牍地进行了专题报道，看得出来，在大家眼中，这是件大事。但这是行业媒体没有跳出这个行业的缘故，当你站在一个消费者的立场和角度上看时，谁主导这个品牌的渠道和市场营销，是北京奔驰还是奔驰中国，一点都不重要。而且，从任何一个品牌自身发展的角度上看，对营销资源进行整合，对销售渠道进行统一管理，这太自然不过了。同一品牌的进口车和国产车分网销售，合资企业和外方投资公司各自为政，只不过是中国特殊市场政策下的有中国特色的行业模式，如果站在行业外部——即不考虑合资双方的利益分配——来观察，这种模式没有任何合理性，整合是势所必然。

此次事件的实质，是北汽方面与奔驰方面的利益之争，因为涉及奔驰、涉及所谓的汽车销售明星，又有所谓的“深喉”报料人，媒体对此次奔驰营销权利之争想不兴奋都难。但是想看好戏的媒体注定是要失望的，因为热闹不了多久，甚至压根就热闹不起来。

因为第一，所谓渠道之争是伪问题，渠道的最终所有权属于品牌方，谁拥有品牌，谁才真正拥有这个渠道；第二，这种貌似合资双方的公司内部权利之争，实质上往往不过是个体的利益和话语权之争，对于消费者和大众没有任何意义；第三，到目前为止，中国汽车行业一直都是市场推动型，而不是行业引领型，缺了谁就玩不转——或者反过来，有了谁就玩得灵的个体，似乎还没有真正出现过，于是个人能力远不如关系和人脉重要，在合资企业尤其如此。所以，可以预见，经过一阵内部喧嚣扰攘的磨合之后，北汽和奔驰的这次所谓营销资源整合，很快会归于平静。

这样的所谓市场营销话语权之争，在国内汽车行业发生过很多次了，比如奥迪，原来也是有奥迪中国这样一个机构的，好几年前就不存在了，整个并入了一汽大众，成立了一汽大众奥迪销售事业部；比如宝马，你感觉得到作为合资企业的华晨宝马的存在吗？形式不同，但是内在是统一的，谁的资源更占有绝对优势，市场营销就由谁主导。相比国产奥迪，进口奥迪的销量一度可以忽略，而宝马和奔驰不同，他们的进口车卖得太好了，单车平均利润更远高于国产车，在这种情况下，合资企业要争夺所谓的营销话语权是徒劳的。但是，只要国产车与进口车销售并存的局面存在一天，这种话语权争夺就不会停止。当奔驰销量的国产比例真的达到 7 成的时候，你以为奔驰的营销资源不会重新再整合一次吗？当国产宝马成为宝马的绝对主力的时候，你以为华晨宝马还甘于在这个市场上继续扮演一个几乎不存在的角色吗？

2011-8-8

SUV 热的背后

SUV 现在是火得不得了，无论是进口的、合资的，还是本土的，汽车厂家都在接二连三地推出新的 SUV 车型，什么荣威 W5、海马骑士、比亚迪 S6、纳智捷大 7、日产楼兰、华泰宝利格……，国外也一样，玛莎拉蒂大家都知道吧——在郭美美这么给力的“代言”之下，不可能不知道吧，也要出 SUV 了！据说，9 月份的法兰克福车展上，玛莎拉蒂将推出一款 SUV，宾利公司 CEO Wolfgang Durheimer 不久前也证实，宾利首款 SUV 将于 2014 年发布。没什么好大惊小怪的，自从保时捷推出的卡宴大获成功之后，其他跑车世家们早就坐不住了，好几年前兰博基尼的 CEO 就表示，历史上意大利公牛早就出过一款 SUV。所以，在玛莎拉蒂 SUV 之后，如果大家看到法拉利 SUV，或者兰博基尼 SUV，千万别没有心理准备。

国内那些暂时还没有 SUV 车型的厂家一个个似乎都急坏了，可是，在这种狂热之下，我有点好奇，难道 SUV 真的就是汽车工业发展的趋势和方向？除了坐姿高一点，视野好一点，提速慢一点，油耗大一点，看起来粗犷一点，开起来笨重一点，SUV 比轿车到底有什么优势呢？

当前的 SUV 热，在我看来，更主要的是汽车消费升级的一个结果。高速增长之后，快速升级是中国车市的主要特征，升级有几种形式，比如从小车升级到大车，从普通品牌升级到豪华品牌，但是我并不认同“从轿车升级到SUV”的说法，对于一些人弃轿车而选SUV，我更倾向于这是“从主流到个性的升级”，因为SUV之所以受欢迎，从来都不是功能上的胜利，而是风格上的胜利。关于这一点，我们看看热卖的都是哪些SUV就清楚了，几乎清一色的都是一些并不能真正越野的都市SUV。

所以当下的SUV热，并不是真的SUV本身的热，也不是消费者们突然都出现了一种需求，除了SUV，其他车型在功能上都满足不了。当下的这种SUV热，只是汽车消费多元化、个性化的结果，也是消费者对型号单一、设计中庸、个性缺乏、魅力不足的现有汽车产品开始厌弃的一种表现。

SUV，厂家该推当然还是得推，可是，一款SUV产品并不是救命稻草，看看销量，也并不是所有SUV都好卖，长期一个月只卖几百甚至一两百辆的SUV，也不少嘛。所以，关键还是要提升产品魅力——不论是轿车还是SUV。其次，在产品开发上，要多一点创造性。这一点，不得不说，汽车行业做得是比较糟糕的。那么多品牌，这么多年，轿车、SUV、MPV、跑车，产品就那么几大类，实在是有点对不住广大人民群众。说到这里，要夸一下BMW，当年以一款X5第一个开辟了SAV这个全新细分市场，近年又连续创新，推出了宝马X6、5系GT这样全新的车型，还有MINI COUNTRYMAN，我们很难把它们归入到现有的某一类产品之中，不论市场成功与否，有这种创新精神，就是一个伟大的公司。苹果之所以伟大，主要原因大约也在于此，无论是iPad，还是iPhone，都是一个全新的产品品类。

国内的企业，什么时候能多一点这样的探索和开创精神，不要永远是跟在市场的屁股后面，什么热就“山寨”什么，最后发现自己被市场抛弃了，就怪消费者崇洋媚外。

2011-8-15

通用可以成为苹果吗?

没错，“通用希望变成苹果那样的公司”，这不是我杜撰的，而是通用汽车首席营销官(Chief Marketing Officer) Joel Ewanick 的原话。这位现代汽车的前 CMO 是在日前举行的通用汽车第二届全球业务年会上说这番话的。

苹果刚刚成为世界上市值第一的公司，甚至比美国政府还要有钱，成为苹果那样的公司，当然是所有公司的愿望。但是如何从一个近些年总是挣扎在亏损边缘，又刚刚从破产重组中走出的沉闷的底特律汽车公司变得像苹果那样富有活力、充满创新精神，Joel Ewanick 并没有给出具体的答案。也因此，他的这一目标遭到了很多人的嘲笑。有人说这一目标只是“有趣”而已，有人则干脆说这是不可能的，因为汽车不可能像信息产品那样，有那么广的延伸领域。

但是，我认为 Joel Ewanick 这番话是看到了整个汽车行业症结之后的有感而发——尽管也许对如何使通用成为苹果，他还没有具体想清楚。

在 Joel Ewanick 看来，虽然丰田、大众、现代，当然还有福特，作为通用目前的竞争对手，都非常强大，但是，他表示，这些汽车巨头只是强大的“汽车品牌”(auto brand)，而不是一个强大的“消费者品牌”(consumer brand)。他说，对汽车公司而言，是时候加快脚步以前所未有的方式真正专注于消费者的需求了。

这番话，有些拗口，也被一些网友所嘲弄，认为纯属虚言。但是我不这么认为，“汽车品牌”和“消费者品牌”的区分，我觉得恰恰说到了点子上。对苹果的成功，一个看法是，苹果从品牌竞争进入到了品类竞争的层面，比如iPhone，已经不是一部传统的手机，而是一个全新的产品品类；iPad也是——在其之前，根本没有类似的商品。我也是苹果用户，对我而言，苹果并不是什么IT行业的巨头——像微软或IBM那样，也不是什么单纯的手机或电脑业巨头——像NOKIA或DELL那样，而更像一个创意公司，它和消费者更近，我从来不清楚它的产品采用了哪些先进技术，但是那些全新的、几乎可以无限扩展的功能、便捷的应用、独特的设计吸引了我。

到目前为止，汽车行业似乎还没有诞生一个真正的类似的“消费者品牌”。不论奔驰还是宝马，都单纯只是一部车而已，所不同者，动力大小、油耗高低、豪华程度及造型空间而已。通用虽然因为经营不善陷于破产重组的境地，但是，从创新这个角度来看，它一直是汽车行业的领导者。比如最早的量产电动车是通用的；十年前，通用就着手重新发明汽车，演绎了与现实完全不同的氢经济时代的人类移动梦想；现在，雪佛兰VOLT增程型电动车，又成为通用最新的招牌，这种既可以实现市区内纯电动行驶，又没有续航里程后顾之忧的解决方案，在目前看来，是最为切实可行的新能源模式。

而且，通用已经令人信服地展示，VOLT不只是一辆车，而是一个多功能的移动平台，它可以为家庭提供短时间的电力供应，它可以和智能手机联通，实现人车沟通，未来，随着技术的发展，还可以在这个平台上扩展更多的功能。看起来，VOLT多少有点汽车界的iPhone的味道了。这也许也是Joel Ewanick说这番话的一个依据。

2011-8-22

马尔乔内的杞人之忧

不久前，奇瑞瑞麒 G6 上市；前些天，在上汽研发中心，见到了新一代荣威 750；两款车起码在尺寸上都已经达到了 C 级车的标准，上汽人自己也开玩笑，说新荣威 750 就是一款“部长车”。但问题是，我们的部长们，会坐这样的车吗？别说荣威了，日前 VOLVO 中国区董事长沈晖面对记者的提问，也反问：“VOLVO 为什么不能当做公务用车？”

我也更愿意替众多厂家一问，中国的部长们，为什么就不能坐瑞麒、荣威？如果说，国产的 C 级车，除了红旗 HQ3 以外，产品本身还难免有不过硬之处，那么在 B 级及以下车型中，国产车做公务用车是完全没有问题的。比如 B 级的奔腾 B70、广汽传祺、帝豪 EC8 等，A 级车就更多了，像荣威 550、MG6 之类，已经可以把很多合资车给比下去。但是，在全国那么多公务用车里，特别是各级领导的专车里，本土品牌车型有多大比例？应该是微乎其微吧。近日网传江苏某市一机关居然采购路虎越野车作为公务用车，知道人家自己怎么界定这个品牌的吗，那是世界顶级奢侈品牌！

除了中国之外，任何一个汽车大国的公务用车似乎都以本国品牌为主，特别是在一些极具象征意义的场合所使用的公务用车。比如法国的总统座驾就是标致，日本天皇用的是丰田世纪，美国总统用的是凯迪拉克，不久前的瑞典皇家婚礼，车队清一色的是 VOLVO……

中国的公务用车，特别是各级领导专车，鲜见本国品牌，于国自然不是一件光荣的事，于各级领导本人，也未见得就很有面子。以我等百姓看来，既然已经贵为部长，身份地位何须车子来彰显？那是没品位、没文化的暴发户干的事。相反，如果一位部长，能开风气之先，用一辆奇瑞或者吉利，或者荣威做专车，我以为，那反而可以衬其之出类，托其之不群。

作为小老百姓，从小就被教育不要崇洋媚外，可是中国人似乎又一直崇洋媚外得厉害，“达芬奇家居”事件即是最好的证明。可是，几十万一部的沙发，普通人即使崇洋，也买不起，所以解决国人崇洋媚外的顽症，似乎还应该自上而下。因为除了崇洋媚外，崇上拜官也是国人的一项顽疾——所谓楚王好细腰，宫中多饿死也。

今年以来，本土汽车品牌日子不太好过，实事求是地说，本土汽车品牌与外国汽车品牌之间，在设计、品质、可靠性等方面都存在差距，但是本土汽车品牌这些年进步很快，本土汽车产品的品质也在快速接近外国产品，这一点，连外国人都已慢慢接受。据中汽协的统计，今年前 7 个月，本土汽车品牌虽然在国内市场份额下滑，但是出口却同比增长了近 6 成；另一个证明是，菲亚特兼克莱斯勒集团首席执行官马尔乔内，在日前举行的“美国汽车行业管理年度研讨会”上，抛出了“中国汽车威胁论”，他认为，西方汽车大国是时候审视中国车企海外扩张的“危险性”了。多数人认为这是马尔乔内的哗众取宠，但我却相信马尔乔内是认真的，因为他刚刚在非亚特上任之初就表示过，未来这个世界只会剩下五六家汽车制造商，其中一家会来自中国。

当然，即使是中国人，对马尔乔内的这种看法，也是不以为然的居多，但是，假如现在开始，我们的部长、厅长、局长、处长们都带头坐本土品牌汽车，我估计下一次研讨会上，大家对待马尔乔内的话的态度会严肃很多。

2011-8-29

传播不只是吆喝

今年6月份，配备新开发的1.3升直喷汽油发动机的马自达2(日本市场名德米欧)已经在日本上市，这款车由于采用了“创驰蓝天”（SKYACTIV)技术，实现了30公里/升的燃油经济性(即百公里油耗3.3升)，油耗堪比混合动力车。所谓“创驰蓝天”是一项包括发动机、变速箱、车身和底盘等在内的新一代革新技术的总称，如果进一步和混合动力技术相结合，可以实现百公里2升的低油耗，日本媒体认为，该技术具有“划时代的重大意义”。

搭载这一技术的“Mazda清”概念车曾在去年广州车展展出，在今年4月的上海车展上，马自达正式发布了“创驰蓝天”的中文名，《车天下》也把它评为今年上海车展的“最具魅力技术”。

说了这么一段往事，自然不是要为马自达做广告，而是忍不住替这么好的技术感到可惜。为什么呢?

在上海车展之后，某次，和业内一帮老师们偶聚，聊到了汽车技术话题，我提到了马自达的“创驰蓝天”，并大加赞赏，结果各位老师面面相觑，业内的一干大腕们居然都不知道“创驰蓝天”为何物！这不能全怪大腕们，马自达要认真反省自己的传播工作是怎么做的。

另一个例子也是我经常向别人提到的。一次和某大品牌华南区市场负责人聊天，说到凯美瑞混合动力版，“这是款微混吧?”对方问道。我惊讶得筷子都差点掉地上。如果凯美瑞混合动力版是微混，那什么车才算强混啊？可是，这也不能全怪对方，要反省的应该是丰田，作为混合动力领域的绝对领先者，对混合动力的传播做得太不到位了！

提到双离合变速器，你会想到谁？大众的DSG对不对？其实双离合变速器好几家都在用，比如福特的PowerShift，而且，用专门从事变速器研发的吉孚动力的一位专家的说法，大众的DSG是第一代双离合变速器，福特的PowerShift是第二代。所以，PowerShift起码不会比DSG差。但是，从深入消费者人心的角度，福特的PowerShift又哪里能和大众的DSG相提并论？一个同行开玩笑说，名字就决定了传播效果，他都轻易不敢写PowerShift，怕拼错了。在英语国家，PowerShift也许很直观，很有内涵，但在非英语国家，估计很多消费者都很难准确地读出来吧，传播又从何谈起！

大众这一轮势头比较猛，但别只看人家逮兔子，也要看人家搂草。除了产品确实过硬，传播也是下了大工夫的。TSI、TDI、DSG，为什么那么深入人心？四驱系统家家都有，但是谁家能像奥迪那么专注、那么持续地宣传quattro？奔驰的4MATIC，也是不错的四驱系统，可是，有人还奇怪，4MATIC——什么意思？4挡变速？这也好意思在车尾标出来！

其实，要不要在这个专栏里公开谈论这个话题，我犹豫了很久，毕竟，都是别人自己的事，我又何必多嘴呢。可是，又总是有厂家希望我们在传播上给点建议、帮点忙，而我的看法是，作为一个完整的传播链条，厂家自己是信息源，这个源头如果是枯竭的、静止的，作为传播渠道的媒体无论如何也是难以帮得上忙的。我不善于出正面的点子，权把上述几例当反面的教材，并无半点恶意，还希望当事的品牌不要介意。

2011-9-5

大限将至

“2011 中国汽车产业发展国际论坛”日前在天津举行，什么“合资自主”啊、新能源啊、限购啊，口水意料之中地横飞，当然，比较引人注目的内容也有——出席论坛的有关官员透露，政府将从两方面推进节能减排，除了继续发放节能车补贴外，还将通过实施强制性的“燃油经济性标准”来迫使厂家提高整体的汽车燃油经济性。

据悉，《乘用车燃料消耗量评价方法及指标(第三阶段)》将于年内实施，相较于2008 年执行的第二阶段标准，新标准最大不同之处在于，一是效仿国外，引用了“公司平均燃油效率标准”这个概念；二是变得更加严苛，一说油耗限值拟降低 20%，力争到 2015 年全国平均乘用车燃油消耗量降至百公里 7 升左右，而据出席论坛的国务院发展研究中心产业经济部部长冯飞的说法，新标准“大的原则基本上定下来了，(百公里)6. 3 升之下”。

不论是 7 升，还是 6. 3 升，对国内汽车厂家来说，都是难以达到的。2012 年 11 月《第三阶段油耗限值(草案)》出台时，该草案的主要起草人之一、中国汽研中心标准化研究所副总工程师金约夫就曾表示，目前国内没有一家车企能完全达标。

不过，在能源与交通创新中心总裁兼执行主任安锋看来，这个标准已经滞后了。他说，2006 年中国的平均燃油限值标准是百公里 8 升，新标准计划到 2015 年降低到 7 升；而同期，欧洲的燃油限值标准是从 6.9 升降到 5 升。根据安锋的说法，“十一五”期间中国平均单车油耗从 8 升降到了 7.8 升，基本上没有什么变化。

安锋的话并不令人吃惊，因为在过去五年里，国内汽车厂家除了销量大幅上来了，在核心技术上的确没有什么拿得出手的进步，以至于一些媒体在年底评选各种年度奖项时遇到一个麻烦，就是“年度技术”一项的入围名单，总是凑不齐。比如在变速器领域，一位专家的说法是，截至目前，能够独立开发生产自动变速器的本土品牌，依然是一家都没有。某品牌的确早就宣布开发出了完全自主的自动变速器，但实际上是没有电控部分的“假自动”，另一品牌宣布很快会推出自己的 DCT（双离合自动变速器），实际上，那是一项“交钥匙工程”，也就是说，一切都委托外国公司弄好，最后整体项目移交。

这个在安锋看来已经滞后的第三阶段标准，已经遭到很多汽车厂家的反对，也颇振振有词——如果一个标准大家都无法达到，那就形同虚设。可是，强制性的燃油限值标准，并不是政府有意要为难企业，而是这个行业得以继续发展的前提条件。国家能源局局长张国宝指出，目前中国石油的海外依存度已经达到 55.2%，超越美国 53% 的水平，以目前的能耗水平，中国的汽车工业难以维系。国家发改委产业协调司装备处处长李刚不久前就说：“限购憋不死中国汽车，但能源会憋死中国汽车。”

纯电动汽车在可预见的未来不可能大规模普及，按照马自达的预测，2020 年，完全不使用传统内燃机的汽车比例不会超过 5%，因此，不能把期望完全寄托在电动汽车上，如何提高传统内燃机的效率才是重心；平均实际油耗降低到百公里 7 升以内，对于大型车辆而言，是不现实的，所以小型化、轻量化才是未来发展方向。可是现在本土汽车品牌都在拼 SUV，目前 SUV 是好卖，可是，产品线里那么多低技术、高油耗的 SUV，将来如何达到燃油限值标准？广本执行副总经理姚一鸣在是否引进大排量车型上一直态度谨慎，这是非常明智的，因为更严厉的燃油限值标准这个大限迟早是要来临的。

2011-9-13

十年轮回

2011 年 9 月的法兰克福车展，当第一眼看到奔驰 F125 研发概念车时，我第一时间想到了 2002 年 1 月在北美车展上首发的通用的氢燃料电池概念车“自主魔力”，两款车的重任都是要“重新发明汽车”，两款车的动力都是氢燃料电池。

在我看来，相比奔驰的 F125，通用的“自主魔力”更酷。它实际上不是一款车，而是一个集成了全部动力和传动、操控机构的滑板式的“底盘”，不仅以氢为燃料，还结合了线传操控技术，在这个滑板上配以不同的车身，就可以变成不同的车型。当时的通用总裁瓦格纳郑重宣布，氢是汽车新能源的终极解决方案，2011 年，世界将进入全新的氢经济时代。

通用破产了，瓦格纳黯然离开，氢经济时代并没有到来。由于燃料电池成本难以降低，众多汽车厂家逐渐把新能源的眼光重新转向纯电动。最近几年，纯电动俨然是未来唯一的方向，几乎成了行业共识，曾经在各大车展上占统治地位的氢燃料电池概念车，忽然式微，统治各大车展展台的是形式各异的充电桩。

所以，当奔驰总裁蔡澈在本届车展上宣布，氢是未来新能源几乎唯一的选择时，我有些恍惚，这个轮回太快了，从通用的“自主魔力”，到奔驰的F125，还不到十年。

不过，蔡澈的“氢宣言”并没有得到多少响应。在本届法兰克福车展上，除了在奔驰展台，很少能看到氢燃料电池车，各主要汽车品牌中似乎也只有本田展出了一款（FCV），而纯电动汽车依然是遍布各个展馆。

这并不奇怪，因为氢燃料电池除了成本难以下降，还面临氢的制取、储存，以及加氢站基础设施的普及等诸多难题。相对而言，纯电动汽车的障碍似乎小一点，如果消费者能接受续航里程不足的缺点，那么它已经是现成的商品。

但是，奔驰这次高调回归到氢的路线上来，值得汽车行业关注：首先，它显示奔驰可能在氢燃料电池技术上取得了重大突破。奔驰在车展上非常肯定地表示，未来批量生产后，可以将燃料电池车的成本降低到普通混合动力车的水平；其次，起码在奔驰看来，充电电池的能量密度提升和成本下降的空间潜力都有限，纯电动汽车始终只适合在城市内使用。

对于长远的未来，纯电动和氢燃料电池两种路线之争，在汽车行业还会持续下去。不过，对于现实的新能源解决方案，从本届车展上可以看出，整个汽车行业是高度一致的——那就是混合动力（包括增程型电动），几乎每家展台上都可以看到这样的展车。一方面内燃机自身效率大大提升，另一方面，插电式混合动力系统技术成熟，丰田的新一代插电式混合动力普锐斯，百公里油耗只有2.1升！纯电动或者氢燃料的未来被这样的混合动力车给一竿子又撑远了不少。

2011-9-19

32

车型过剩

最近一个统计数据应该引起汽车行业的高度重视，有人根据公安部上牌量的数据，统计了一下，在去年初至今年 8 月底上市的 87 款全新或换代国产乘用车当中，只有 28 款销量超过了国产乘用车型的平均销量。需要指出的是，一方面，国内主流厂家、主流车型的销售集中度相当高；另一方面，国内市场品牌众多，车型繁杂。因此，“国产乘用车型的平均销量”并不会很高。这个数据应该可以说明目前国内市场的新车已经严重过剩。

“新车型过剩”不是我的发明，广物汽贸总经理郑子先，凭借经销商的市场一线敏锐触觉，早在好几年前就说过“中国市场新车过剩”。

一度，在过去高速增长的市场里，推新车是厂家屡试不爽的一招，可是，在换汤不换药，设计靠山寨，技术无创新的所谓新车越来越多之后，“新车效应”开始失灵了，因为这些新车不符合消费升级的市场需求。要不是细分市场本身很小或者根本就不存在；要不就是产品缺乏魅力，在设计和技术上都没有真正的创新。一些厂家在座椅靠背上绣个图案就算一款新车，或者换个保险杠就算是小改款。这样的所谓新车上市，只是完全成了一种营销行为，而不是真正地为了更好满足消费者需求的产品升级。

每次拿到月度车型销量表的时候，我都有一种强烈的感慨：为什么有那么多销量少得可怜的车型？这些车型为什么要被开发出来？为什么还不赶紧停产？对不少企业来说，越推越多的新车型，不仅没有带来销售增量，反而成了巨大的负担，以前屡试不爽的“新车效应”，变成了现在的“新车陷阱”。这一现象，在本土汽车品牌中尤其突出。一些本土汽车品牌，在核心技术上没有任何重大突破，但是新车出得很频繁，短短几年，产品线就搞得冗长无比，又是分品牌，又是分网络，忙得不亦乐乎。可是，销量少得可怜的垃圾车型越积越多，不仅造成了极大的资源浪费，而且给企业带来了巨大的负担，同时也对品牌形象造成严重的伤害。本土汽车品牌今年以来陷入销量、份额双下降的危机，这应是一个重要原因。

其实不只是本土汽车品牌，整个汽车行业都应当集中力量打造精品。看看不久前美国三大汽车巨头在金融危机中的做法吧，无非三件事：砍品牌、减车型、关工厂。还尚弱小的国内汽车企业，与其把精力和资源分散到许多垃圾车型上去，不如集中力量搞好少数精品车型，在设计上逐步形成自己的品牌风格，在技术上不断创新，积跬步以至千里。

可是，对此，我却并不敢乐观。因为技术研发人才在国内汽车行业依然没有得到应有的地位。不久前，一位朋友在网络上留言：“在中国搞技术的人的悲哀——国企不重视，凭垄断地位就可以赚钱；外企不放权，核心能力不能给外人；民企不投入，山寨别人更容易。”大致类似的话，几年前另一位汽车厂家从事技术工作的朋友也说过。合资车厂一位曾经搞技术，后来改做市场的朋友半开玩笑地说：“在合资企业，搞技术的最高境界就是熟练掌握 Office 软件，特别是 PowerPoint。”

2011-9-26

买萨博的闹剧该收场了

萨博(SAAB)和中国企业之间的合作闹剧仍在继续。

今年5月，华泰和萨博母公司世爵汽车宣布签订战略合作协议。仅仅9天后，华泰即发表声明，“决定”终止双方之前签订的合作协议。这大约应该是史上最不严肃的一次合作。

之后，庞大汽贸和浙江青年莲花汽车跳将出来，计划联合收购这家瑞典汽车公司，先以购买2000辆车的名义，向萨博汽车注资5800万欧元，后又承诺由浙江青年莲花汽车提供7000万欧元的过桥贷款，浙江青年莲花汽车4月还对外宣布“资金可以很快到位”。但是，一个国庆黄金周，情况全变了。萨博苦盼的中国续命钱似乎等不来了。在外界看来，浙江青年莲花汽车延迟提供资金，表明似乎不再对萨博感兴趣，正拟退出对萨博进行长期投资的协议。

这时，又传出吉利汽车有意收购萨博的“新闻”。瑞典当地一家报纸引述未具名消息人士透露，吉利对萨博汽车显示出兴趣，并与负责萨博汽车重组事务的律师取得了联系。不过吉利方面很快就出面“辟谣”了，称接手VOLVO之后忙于消化，无心旁顾。

以往的经验表明，这种消息往往不全是空穴来风，最初传出吉利收购

VOLVO 的消息时，吉利的“辟谣”也同样是很快的。

我觉得好玩的是，萨博到底有什么魅力，令这么多中国企业颠倒不已。技术？萨博最巅峰的时代，全球销量也不过 10 多万辆，在这样的规模之下，你要说萨博的技术研发实力有多么强大，我觉得大概应该是忽悠。在传统动力方面，萨博可能确有一些技术——起码对中国汽车企业而言——是先进的，但是，从全球汽车行业来看，在未来汽车行业的三大发展方向面前——以电力驱动为核心的新能源革命、以新材料技术为核心的设计革命、以信息技术为核心的智能化革命，萨博在哪个领域可以为中国汽车行业提供支撑？即使在传统动力方面，现在的传统内燃机，已经奔着百公里 3 升油耗而去，仅仅一个涡轮增压是没有什么前途的。

目前的萨博已经停产 6 个月，除了一堆债务，等着变卖工厂拿到拖欠工资的几千工人，我不知道萨博还有什么——当然，还有一个工厂，可惜是在世界上成本最高昂的地区之一。

吹得比较多的是品牌。我不知道萨博的品牌价值到底多大，世界品牌实验室这个机构大约应该知道，他们早在 2005 年就曾科学地测算出红旗品牌的价值是 111.37 亿元——无法变现，实在是可惜。品牌当然重要，但是，品牌又是依附于技术、产品、服务之上的，没有了一个运转良好的强大实体，品牌也是浮云。柯达，品牌响不响？当年品牌价值似乎也是世界前几位的吧，现在快要破产了；诺基亚，几年前还是手机行业的绝对王者，但苹果 iPhone 的出现，短短几年，诺基亚便风光不再。如果单纯从品牌角度考虑，我觉得，萨博还真比不上悍马，所以那些争先恐后要收购萨博的中国车企的眼光，甚至还不如四川腾中重工。

有人拿吉利收购 VOLVO 来类比，我只想说，在瑞典，萨博成不了 VOLVO，在中国更没可能。补充一下，中国已经是世界上汽车品牌最多、车型最杂的市场，据不完全统计，目前中国乘用车市场有 94 个品牌和 471 款车型，品牌和车型都已经严重过剩，新的品牌在中国汽车市场立足的机会已经微乎其微，接下来，和其他任何市场一样，中国汽车市场也会进入一个品牌的淘汰阶段。

2011-10-10

都在谈病症　无人开药方

全球汽车论坛，大佬云集，高管毕至，嘉宾名单令人目眩，我也欣欣然跑去成都，以为必能听到一些真知灼见，收获若干内幕猛料。

石油供应短缺、全球气候变暖，发展新能源迫在眉睫；本土汽车品牌研发投入少，品牌认同差，“十一五是资格赛，十二五是选拔赛，十三五是淘汰赛”；道路建设、城市配套、能源供给、环境保护，汽车消费制约因素越来越突出；产业分散、产品结构不合理、自主创新能力不强、核心技术对外依存度高，缺少具有国际竞争力的大型企业，在研发设计品牌建设关键零部件等方面，仍处于较低水平……

且慢且慢，怎么都在谈问题，谁来开药方呢？汽车行业存在的这些问题，不用大佬专家们说，大家都是知道的，相信行业自身也是清醒的，关键是要怎么办，如何在发展中解决这些问题。可是两天论坛听下来，如我一样感到失望的人不少。

比如新能源，谁都知道要搞，问题是怎么搞，混合动力有没有政策鼓励，电动汽车最关键的电池、材料基础研发工作谁来投入，国家的新能源产业规划左摇右摆了一阵之后，有没有最终明确的方向？本土汽车品牌困守低端是等死，向高端发展可能是找死，在这种环境下，政府应怎么鼓励和扶持本土汽车品牌？是简单地发发补贴，还是政府各级官员都带头使用本土品牌的汽车？

其实，不仅是媒体，出席论坛的企业人士同样希望听到“怎么办”，希望看到专家们、官员们开出药方，而不是一二三四五一大堆要求：要大力推进自主创新能力建设、要掌握关键核心技术、要加快培育和发展新能源产业、要加快实施国际化战略……没有药方，这些就都是绝对正确的废话。

在中国汽车海外扩张圆桌会议上，商务部官员谈了一堆中国汽车走出去的必要性和紧迫性，以及中国汽车出口现存的种种问题：规模小、主体分散、出口形式简单等，接着发言的奇瑞副总经理陆建辉对这位官员提出了要求，他希望商务部能规范一下国内的出口企业，减少内耗。这是企业在论坛上向出席论坛的官员公开讨药方的一例。

我在微博上感叹了一下全球汽车论坛“都在谈病症，没人开药方”，一位同行嘲笑我说，你们媒体不也是只破不立吗，要不你开个药方试试？可是这位仁兄，不在其位不谋其政，报道和评论是媒体的本职工作，我们顶多算是行业观察家，可是在这次论坛上，看起来似乎大家都是观察家，然而他们本来应该是实干家的。

2011-10-17

道德谴责不如强化制度

佛山小悦悦事件，媒体和公众舆论一面倒地对18位路人的冷漠进行轮番的谴责，但是这起轰动海内外的事件带给我们的绝对不应该只是道德层面的批判和反思，更应该有制度上的弥补和改进。

在微博上看到这一事件时，给我最强烈印象的还不是18位路人的冷漠——当我们见过太多因为扶起倒地老人而麻烦缠身的新闻之后，患上这种遇事绕道的冷漠时代病的，绝对不止是这18个人，你我都是患者，只是程度可能不同而已，我印象最强烈的是事件的两个因素——微面(微货)和批发市场。

小悦悦是在佛山南海一个五金批发市场内被微面撞倒的，整个珠三角类似的批发市场，交通状况之混乱，司机素质之低劣——肇事微面司机先是开车打电话，后是肇事逃逸，凡是经过的人应该都有深刻的体会。所以我在微博上留言说："要加大对货运微面的管理，加大违章处罚力度；其次，要加强批发市场内部管理；珠三角一带这类批发市场很多，乱到不行，我相信如果不加强管理，今后一定还会出事。至于国人冷漠的时代病，或许大家都是病人，程度不同而已，说多了没什么用。"

话音未落，10月19日，顺德容桂海尾新市场又发生一起轿车倒车时撞倒男童事件，所不同的是，这次被撞倒的1岁男童比较幸运，当毫不察觉的司机欲继续行驶时，被当地一名管理人员及时喝止。之后，肇事司机与周围十余名市场档主齐心施救，最后，男童仅左大腿闭合性骨折，没有大碍。

珠三角各种批发市场多，在广州，市中心地段批发市场之多，全国罕见，比如火车站周边的服装鞋帽批发市场、岗顶石牌一带电脑数码批发市场、中大布匹市场、一德路、先烈路、六二三路、沙太路……，这些批发市场的一个共同特征就是交通混乱。

不是一般的混乱，是不堪的混乱。特别是各种改做货运的“微面”和“残的”，乱停、乱开，甚至逆行，在这些司机眼中似乎根本就不存在什么交规，根本就不存在什么路！本来就窄的道路，往往两边一停就是三四排等着拉货的微面，对面再来一辆逆行的三轮，路就完全堵死了。我很不幸，工作地被眼镜和服装批发市场包围，住地被布匹市场包围，开车出行是一件痛苦的事情，曾经好几次被堵在离家只有200米的布匹市场个把小时动弹不得。

在中大布匹市场到广州大道南的那一段路上，微面、微货、残的、三轮、公交、电瓶车，混杂抢行，横穿的，逆行的，斜插的，小擦小碰已经多次发生，像小悦悦那样的恶性交通事故今后会不会再发生，没有人知道。但是如果不加强此类批发市场的交通管理，加大违法违章交通行为的打击力度，不从制度上强化——比如批发市场货运司机的职业资格管理，类似事情的发生几乎可以肯定是无法避免的。

不要说没法管，没有什么事情是真的无法管的，比如酒驾，一度也是久禁不绝的，但是经过一番来真的之后，醉驾真判刑，酒驾真扣分，现在“喝酒不开车、开车不喝酒”已经渐渐成为司机们的习惯了。如果对那些乱停车的真拖车，乱开车的真扣驾照，我相信，批发市场的交通乱象也是可以改变的。唯有如此才能最大限度地降低小悦悦类似悲剧发生的概率。

2011-10-24

一家石油公司的新闻发布会

首先给大家报告一个好消息——想必大家也早都知道了吧，我们荣膺2010年最赚钱央企称号。在国际油价一路下跌、世界经济持续疲弱，国内CPI连创新高、成品油降价压力巨大的经济形势下；在“天价吊灯”、“茅台门”、“兑水门”等诸多负面新闻层出不穷的舆论环境下；这一成绩的取得殊为不易。“最赚钱央企”前四名中，三家都是石油公司，这充分表明中国的石油公司的科技实力和管理水平，特别是我们，不仅是国内最赚钱企业，如无意外，也应该继续蝉联全亚洲最赚钱的公司称号。什么丰田、本田，现代、三星，都是浮云。我想这不仅是我们石油战线广大干部员工的骄傲，也同样是全体中国人的骄傲。在全球一体化的时代，什么是综合国力？主要就是一国企业的综合实力；什么是企业的综合实力？最主要就是盈利能力。可以说，这些年来，石油战线是为国争了光，为民谋了利的。

可是，总有那么些——当然，只是一小部分——车主、消费者，没有大局观，不讲政治，一天到晚只考虑自己个人的那点鸡毛蒜皮、蝇头小利，国际油价降了一点，就嚷嚷着要求我们降价。好吧，我们让六分，去两毛，降了两毛六，你一个月省了几块钱？还不如少开两天车，对不对？如果因此导致我们丢掉了亚洲最赚钱公司的桂冠，你们就光荣了？

你们没省几个钱，广大石油战线干部职工生产积极性却受到严重打击。这不，一些地区柴油供应紧张了，加不上油了，又有些人开始说怪话、发牢骚了。这不能怪我们，市场经济嘛，供需关系决定的嘛，兄弟单位的一位同志说得好啊，我们是市场经济主体，没有保证供应的义务嘛。（有记者发问：可你们是垄断性的行业央企啊？）垄断？你——哪个单位的？不懂事！

别光盯着我们一千二百多个亿的净利润就眼红，我们下游业务巨亏，你们知不知道？今年前三季度炼油业务亏损四百多个亿，可我们还是降了两毛六，这么大的牺牲，你们知不知道？就像你们做报纸的，虽然整体是挣钱的，但是据我所知，发行、印刷等环节，一样也是亏损的嘛。能因为你们整体上挣了点钱就要求你们报纸降价吗？一个道理嘛。

牢骚太盛防肠断，风物长宜放眼量。大家要认清一个现实，车子越来越多，石油越来越少，低油价的时代已经一去不复返了。不愿受石油公司的鸟气？很简单，别开车嘛。现在新能源不是嚷嚷得很热闹吗？我告诉大家，可预见的将来，十年，不，二十年内，汽车主要还是得烧油。奔驰、宝马，丰田、大众，这些汽车公司别看一个个很风光，还是要继续给我们打工——多卖一辆车，我们就多一个客户。

再说了，即使汽车真的全面进入到电动时代，你们也别得意，是，你们不用再受石油公司的鸟气了，但你们以为不用同样受电力公司的鸟气吗？

取消提问环节！新闻发布会到此结束！

（以上内容不纯属虚构）

2011-10-31

智能系统

前阵子两单交通事故引起了很大的关注，一单是河南汝阳一派出所所长醉酒驾驶车辆撞死 5 名路人，另一单是广州黄埔大道隧道一假军车醉驾撞死 4 名正在作业的市政施工人员。一个是真警车，一个是假军牌(不管牌本身真假与否,开车的不是军人,所以官方“假军车”一说是成立的)，共同点都是醉驾。

经过史上最严厉的打击，醉驾现象已经得到很大改观，据悉自醉驾入刑以来，全国查处的醉驾案例已经减少了 4 成以上。而从我身边的一帮百姓来看，别说醉驾，普通酒驾都已基本绝迹。开车不喝酒，喝酒不开车，基本成了大家都自觉遵守的良好习惯。可是，这两单大案显示，即使已经入刑了，即使高晓松真的因为醉驾被判监了，还是有人敢于醉驾。酒驾、醉驾一类严重交通违法行为，依然存在打击的死角。这个死角就是特权车。对这个死角的存在，我们是理解的，警察也没办法。不久前，网上有一个交警扣了一辆违章军车的微博，许多网友不是一面替这位交警叫好，也一面替他担忧吗？这是现实。

在这种情况下，汽车厂家获得了一个机会，他们可以站出来勇敢地承担起这个社会责任。我都已经替汽车厂家想好了，可以开发一个系统，会自动侦测驾驶员呼出气体里的酒精含量，当超过一定标准时，首先温馨提示“为了家人幸福，请暂时不要驾驶”；如果超标严重，车辆应拒绝起动。你再特权也没用，车子是不认你什么高管还是高官的。

为了纪念黄埔大道里殉职的4名市政施工人员，我把这个系统命名为——GHAT(Ghost of Huangpu Avenue Tunnel 黄埔大道隧道幽灵)。这个系统，普通车辆可以作为选装，而警车、军车，以及其他公务用车应作为标准配备，不可关闭，不能卸载。公务车辆采购部门应该把这个系统作为公务用车采购的必要条件，就像广州市属公务用车必须配备 GPS 定位系统一样。

这个智能系统的功能还可以进一步扩展，比如当侦测到司机有任何不文明驾驶行为时，系统可以自动发出警报，比如在仪表盘上显示“请注意文明驾驶”字样之类。

2011-11-7

雷克萨斯的国产之惑

日前，日产旗下豪华汽车品牌英菲尼迪在香港设立新的全球总部，此举被认为是英菲尼迪准备在中国投产的一个征兆。而这，也使得外界重新关注起另一个日本豪华汽车品牌——雷克萨斯的国产进程。

在是否国产的问题上，雷克萨斯的态度一直模棱两可。在我看来，雷克萨斯也已经丧失了国产的最佳时机。2008 年，雷克萨斯在中国销量就已接近 3 万辆，达到了雷克萨斯中国市场前负责人曾林堂所说的 3 万辆的国产销量底线；2009 年，雷克萨斯在中国销量达到 3.4 万辆，雷克萨斯没有国产；2010 年雷克萨斯在中国销量达到 5.3 万辆，雷克萨斯依旧没有国产的时间表。同期，宝马在中国的销量从 2009 年的 9 万辆规模跃升到 16 万辆，奥迪从 15 万辆规模跃升到 22 万辆，奔驰也从 7 万辆升至 15 万辆规模。很明显，雷克萨斯与德国三大豪华品牌的销量差距在迅速拉大。

今年，纯进口的雷克萨斯已经很难实现 6 万辆的销售目标，与去年相比大约只能实现略微增长，而在国产车型的带动下，奔驰、宝马、奥迪的销量继续高歌猛进。这种势头如果持续下去，雷克萨斯在中国主流豪华车的市场地位行将不保，而一旦沦为非主流，雷克萨斯要想翻身就很困难了。

不过也有人认为雷克萨斯不国产有其道理，因为国产可能会有损其豪华车品牌形象，可这是没有任何根据的。奔驰国产了，其品牌形象受损了吗？宝马国产了，难道大家认为宝马档次变低了？奥迪是最早国产的豪华品牌，当时，奔驰、宝马甚至不愿承认奥迪是他们的对手，但是现在奥迪的豪华车地位还有谁能否认？奥迪作为豪华车的形象，最稳固，与奔驰、宝马差距最小的，恰恰是在国产比例最高的中国市场。对于豪华品牌(并非法拉利、保时捷一类奢侈品牌)，事实证明，国产不仅不会损害品牌形象，相反，因为市场销量的提升，还有可能进一步强化其品牌地位。

更重要的一点，国产并不仅仅意味着车价会比进口更有优势——虽然这种价格优势在竞争激烈的中国豪华车市场作用至关重要，国产还意味着以和进口这种单纯销售完全不同的运营体制投入竞争。在中国这个全世界竞争最激烈的汽车市场，只有两个选择：要么以国产的形式全身心投入，争取成为市场主流；要么扮演一个旁观者，满足于只做一个个性化的进口小众品牌。

2011-11-14

配美国校车？不如雇个合格司机！

20 人遇难，其中 18 名是幼儿！甘肃正宁幼儿园校车惨祸，举国震惊。

校车严重伤亡事故，这已不是第一次，大家在万分悲痛的同时，也在纷纷思考“为什么”。

有人说，我们的校车太不安全，对比美国比普通汽车安全标准高 40 倍的校车，我们的校车简直是对校车的侮辱。可是，我们能一夜之间，让全国幼儿园、中小学的孩子都坐上美式校车吗？不是我悲观，这是绝不可能的。很简单，国情不一样啊——一个大使认为坐经济舱没什么，一个大使认为代表国家，必须坐头等舱。

标准比人低的，又何止是校车？国内除了一些特权车、公务用车，什么车的标准不比别人低？每每在高速上看到那些破旧不堪的满载大客车、上坡爬不动下坡刹不住的大货车，我都禁不住胆寒。国内每年道路交通事故那么多，要提高标准的，又何止校车？

有人说，我们的教育投入太少，可以花上千亿办场大型运动会，但是幼儿园、中小学却买不起真正的校车，只能在核载几人的廉价轻型客车里，塞进几十个孩子！

可是，增加投入真能解决问题？没有相关制度的配套，增加的投入难道不会止于机关？难道不会变成大楼？——我们太喜欢盖大楼了，从政府到企业，从医院到学校，莫不如此。印象中，校车出问题的多是乡村民办幼儿园，这些盈利性的教育机构，以赚钱为目的，没有相关制度约束，他们会把辛苦从家长那收来的“自愿捐资助学金”花在校车上？

硬件方面我们不敢奢望，不能奢望，但是软件方面还是可以改善的。

这次事故，如果没有这么严重的超载，不会造成这么大的伤亡；如果司机交通安全意识稍微强一点，没有逆行，悲剧就不会发生……

前不久佛山小悦悦事件发生后，我的第一反应是，有关部门应着手建立批发市场货运司机的职业培训和资格准入制度，同时加强批发市场的内部管理；一再频发的校车事故告诉我们，校车司机职业资格培训和准入制度，比单纯的、脱离实际的校车强制性标准，更有必要，也更加可行。

中国道路交通安全形势严峻，关键还不在于车辆本身，更在于无论行人还是司机都缺乏基本的交通安全意识，缺乏基本的文明驾驶素养。在一个总是心里存有侥幸、眼中没有交规、哪里都敢逆行、无处不敢超速的司机手中，美式校车也同样是不安全的。

据说，教育部已经发出紧急通知，要求各地教育部门立即开展对中小学生和幼儿上下学乘车安全情况的排查。反应不可谓不迅速，但是历史告诉我们，这种突击检查是管不了什么用的——每次矿难之后都有大检查，但是矿难不止。16 日事故发生后，甘肃省就开始全面整治校车安全，讽刺的是，17 日早上交警部门就在省会兰州查处了一辆超载的幼儿园校车。我还想问，没有校车司机职业资格准入制度、没有校车统一管理办法、没有采购正规校车的财政安排，你排查什么？

2011-11-21

2011年广州车展观后感

一、今年的广州车展，以“绿色”为主题，所以新能源车比较多。可是，车展上谈电动车的多，谈电池的少；谈战略的多，谈战术的少；谈好处的多，谈瓶颈的少；谈政府责任的多，谈企业能力的少；新能源是永远的话题，但也似乎永远都只是话题。或者是我的错觉，主题本来就不重要，谁还记得去年什么主题来着？

二、合资企业产品下探、网络下沉，本土品牌面临合资品牌围剿，如何突围？缺资金、少技术的本土品牌必须集中优势兵力，在产品层面，要集中力量做好做精一两款车型；在市场层面，深耕局部市场，在全国范围内不能形成品牌强势，那么争取在局部、区域市场成为强势品牌，这是有可能的。

三、中国市场，车型过剩，品牌过剩！全世界的汽车品牌都蜂拥而来，我们还有世界上别处都没有的大量本土品牌。一个市场不可能真正容纳这么多品牌——即使我们的规模达到2000万辆级别。哪些品牌将面临淘汰？哪些新来的品牌还有机会？也许再过几年，我们在广州车展就可以得到答案。

四、场外比场内热闹，论坛、沙龙、颁奖礼、饭局，最热闹的去处不是展馆，是香格里拉。困惑是，这么多颁奖，而且都没有评选标准，不知道评选过程，一颁就几十上百个，有什么意义？国外车展期间，场内外也有不少行业论坛或者研讨会，但是题目都很具体，不像我们，动不动就是诸如“入世十年和汽车行业”之类的玄远高深的大题目。说的人不知所云，听的人意兴阑珊。

五、好几个合资企业在车展上发布了自己的“自主品牌”产品，于是关于“合资自主”的争论也就热烈了，还有网站专门组织了讨论。甚至有人激愤地表示，要给“自主品牌”一个明确的定义。这不无聊嘛？消费者只是买个车而已，管你自主不自主。为什么我们总在不值得争论的问题上争论个不休呢？

六、很多人感叹车展看点不多，可是，你想看什么？巴黎、法兰克福不也早就办成了工业设计展吗？全球首发又如何？像雷克萨斯 GS250 那样，不过是配了个凯美瑞的发动机，就很有看头吗？调整一下心态，别寻思着看点什么门道出来，把自己当成一个普通消费者，看点还是满多的。

七、旅行车，或者叫 WAGON，本届车展因为好几个品牌都有类似车型参展，于是就俨然成为潮流，似乎很快就会流行起来，可是，在我看来，旅行车不过是一个补充，在原本最流行的欧洲，都已经渐渐式微，有逐渐被城市 SUV 超越之势，在中国更加不可能成为什么潮流，虽然我本人是比较喜欢旅行车的。

八、突然想到，东京车展本是在广州车展之前的，今年却推到了广州车展之后。因为据说是规模太小，原来位于千叶的场馆太大了，改到了东京市区的台场举行，因此推迟了时间。又联想到将于 1 月举行的底特律车展，想到那出奇的冷清和寒冷，据说市长要把广州打造成中国的底特律，哎呀，不禁倒吸一口冷气。

2011-11-28

品牌过家家

最近，戴姆勒·奔驰宣布旗下迈巴赫即将停产，这个顶级豪华车品牌即将消亡。

一点都不令人意外，这个世界上汽车品牌太多了，各种著名品牌一直在不断地消亡，比如悍马、土星、水星、奥兹莫比尔、罗孚……如果不是因为中国市场，连别克也差一点消亡了呢！可以预见，汽车品牌的消亡还会继续，迈巴赫不会是最后一个。

国外这几年汽车行业不景气，巨头们忙于砍品牌，比如，穆拉利一上台就宣布了“一个福特”战略，将旗下多个品牌出售的出售，砍掉的砍掉；通用破产重组后，也果断清理门户，砍掉一堆品牌，最后只剩下四个。国内却是另一番景象，各大汽车公司在不断地忙着创造新的品牌，从吉利的一生三，到奇瑞的一生四，最近又诞生了几个全新的品牌——北京现代首望、一汽欧朗、奇瑞观致，此前推出的还有启辰、理念、宝骏……令人目不暇接。

话说，一汽旗下乘用车品牌似乎已经够多了吧，高端有红旗、中档有奔腾、低端有夏利，大约是觉得作为“共和国长子”、“第一汽车”，在品牌数量上总不能长期居于奇瑞之后吧，于是又弄出个欧朗来。可还是输奇瑞一着，人家很快又推出个观致，而且人家的旗云早就从一款车升格为品牌了，一汽还得加油，办法现成的也有，夏利旗下不是还有威志吗，也升级成品牌得了，威志V1、V2、V3、V4、V5……起码我觉得比欧朗不差。

可惜，推品牌容易，让市场接受很难。就像此前很多厂家纷纷推出自己的微车品牌，什么开瑞、威旺、希旺、福仕达，个个都信心十足，现在看看，一个都没有成功。微车市场门槛原来比大家想象得高得很。据不完全统计，目前国内乘用车市场有大约100个品牌，500个车型，世界上没有哪个汽车市场有如此多的品牌和车型。那些长期边缘化的品牌将面临出局，这是不以人的意志为转移的。

中国汽车市场高速增长的阶段几乎可以肯定是告一段落了，接下来是稳定发展期，没有了高增长，竞争自然会更激烈，本土品牌当务之急是抓紧在设计、核心技术、关键零部件等领域实实在在地提升能力，而不是玩这种过家家的品牌游戏。

瑞麒据说是高端品牌，市场没有认可，现在观致又被描述成奇瑞的雷克萨斯。现代也曾有过奇瑞类似的想法，打造一个全新的高端豪华品牌，可是最终放弃了，因为他们对成功运作一个新的豪华品牌没有足够自信。他们真应该来奇瑞学习学习“多生儿子好打架”的理论。不过，前提必须是强健的儿子，个个羸弱不堪，站都站不稳，打架时如何帮得上手，只会成为负担。

这些品牌的前途，说实话我并不关心，因为不关我事。可是好歹也起得好听一点吧。欧朗，初听的人十个有九个都以为是化妆品，也难怪，OLEY(欧朗)和OLAY(玉兰油)，只差一个字母而已；Qoros(观致)，这个愁死个人了，怎么发音啊？洋气是洋气，可问题是，现在消费者也都鸡贼了，一个洋名有点难以蒙事了。住罗马花园，穿雅戈尔西服，戴劳斯丹顿手表，用达芬奇家具，弹贝尔曼钢琴，叫Edward LAW，一点都不洋气，都是本土货。在装洋相方面，欧朗们还真有点落后了。不过，还有补救，找名人代言啊。“欧朗，欧耶！”请宋丹丹来说，绝对有范儿。

2011-12-5

买车的五不原则

做月度推荐的编辑让我推荐一款车，我很少向别人具体地推荐某一款车，因为那是很不靠谱的事——每个人对车的基本需求，自身的审美趣味、驾驶习惯、支付能力差异太大了，更何况我在很多情况下又是一个有些偏激的人。不过，具体的车型不好推荐，但是笼统的选车原则，我还是愿意和大家分享的。

对于普通家用车，第一，不用过分看重所谓的安全性，特别是那些反映被动安全的碰撞测试星级。首先，如今的主流品牌，在安全技术方面差距不大，基本上半斤八两，这一点大家看看各机构公布的安全测试结果就知道了，不是5星的车已经很少了；其次，在我看来，只有安全的司机，没有安全的车，在一个不靠谱的司机手中，任何车都是不安全的。真的，我本人买车时，安全性几乎不在考虑范围之内，我甚至更加在乎车内气味是不是更重。

第二，不用追求太强的动力。厂家一直喜欢炫耀发动机功率，那也许是因为实在没什么别的好吹嘘的了。大家还喜欢讨论0～100公里/小时能在几秒内完成，可是，对于一款非赛车而言，那有意义吗？经常有人问我，某款车动力够不够，真是个奇怪的问题，那要看你干嘛用，追飞机肯定是不够的，平常代步的话太够了，还有富余。普通中级轿车以100公里/小时的速度巡航，你知道只需要发动机输出多大的功率就够了吗？20千瓦！我曾经开着一辆55千瓦的小排量车，从来没有觉得动力不够过。

第三，不要盲目求大。中国人以大为美，什么车到了中国往往都要加长，令老外很纠结。可是在多数情况下，家庭用车真的不需要那么大，特别是在大城市，小车更合适，停车方便，经济环保。再说了，所谓大车，实际上也只能坐4个人，坐5个人一样也挤。

第四，不要跟风，不要盲目追新车。中国人喜欢跟风，前几年日本车火，大家加价买日本车，劝都劝不住；这两年轮到德国车了，大家又排队买德国车，也是劝都劝不住。追新车也是跟风的一种，一些新车刚出来，往往都要加价，可是没多久就有优惠了。加3万元买一新车，没美两年，市场上优惠2万元了，一来一去吃了5万元的亏，你怪谁？新车有什么好追的呢？什么车都会换代，过几年都成旧款，真有心，挑款经典的，精心保养，开个50年，留给儿子以后去参加老爷车比赛，那才算有品位，显道行。

第五，不要买多余的配置。现在汽车的配置表越拉越长，可是，很多配置是费而不惠的鸡肋，价格不菲没什么大用。最典型的是车载娱乐影音系统；什么7速、8速变速器，也是噱头，5速、6速足够了，省不了什么油，不够多踩两脚刹车的；什么抬头显示、蓝牙电话，凡是电子可以实现的娱乐信息类功能，基本上成本都不高。你要那么多车载电子娱乐功能干嘛，弄个iPad，花几美元下载点软件，往车里一挂，全都有了——还是触摸屏的。

那么，买车应该看什么呢？对于普通家用车，一要好看——令自己愉悦；二要节油——不只是省钱，更是环保；三要可靠——小毛病多的车伤不起啊！四要耐用——新的时候都挺好，两年一过，差异就大了，有的车抹抹洗洗还跟新的一样，有的内饰老化，外漆掉光，残花败柳。

再强调一次，以上只是我作为一个普通消费者的选车观，这种东西很主观，没什么对错可言，仅供参考。对于那些钱多得发慌的主，以上几点连参考的价值都没有，你爱买啥买啥，难得的是自己开心。可是别过几天又是牛拉又是现砸的，您买的不就是一面子吗，4 700万的跑车，您不在车库里供着，还真开街上去呀。前几天在报上看到一则新闻，说某女士在香港买了块 12 万元的名表，结果走时慢了一点，跟人不依不饶的，这就太没范儿了，12 万元的表，走时准不准还重要吗？你当它一电子石英表啊？

2011-12-12

谁来终结“老三样”

中国汽车工业协会日前发布了今年前11个月车型销售数据，国内最畅销的10款车型排名依次是：凯越、朗逸、科鲁兹、捷达、宝来、桑塔纳、夏利、赛欧、悦动和福克斯。

10款车中，居然全部都是合资品牌——夏利算本土品牌吗？好吧，就算是吧，可毕竟也是技术引进的产品。看来，经过这么多年的苦心经营，本土品牌还是没有得到市场的足够认可啊，那么这应该怪谁呢？

10款车中，几乎都是中低端产品，除了桑塔纳一款，全部是A级或A0级车，而桑塔纳虽然在尺寸上属于B级，但是在产品定位上早就已经是一款低端产品。虽然今年豪华车市场增长迅猛，虽然今年中高级车市风起云涌，但是整体而言，中国依然是一个发展中的汽车市场，本土品牌应该把重心放在中低端市场，不要急于去所谓的高端突破，攻坚B级车。

10款车中，上海通用3款，上海大众2款，一汽大众2款，现代、福特、一汽各1款，上海通用和两个大众长期坚持建立起来的综合竞争力优势是他们强大的根本保证。

10款车前11个月的销量都超过了17万辆，总销量达195万辆，占同期国内全部轿车销量的21%，市场集中度很高，而目前国内乘用车品牌超过100个，车型更是多达500个。对比这10款车的销量，我们就知道，国内车型过剩有多严重，汽车厂家接下来应该考虑的是精简产品阵容，做强品牌，而不是热衷玩多品牌——玩多品牌的没几个最后有好果子吃的。

最有意思的，还是"谁来终结老三样"这个老话题。时至今日，10大畅销车型中，20世纪八九十年代就开始在国内销售的"老三样"居然还占了两款(桑塔纳、捷达)，这让那些层出不穷的各种新车情何以堪。但是，谁来终结"老三样"，这是一个伪问题，作为其他厂家，特别是本土品牌——因为"老三样"的市场区间，主要对手正是本土品牌——更应该思考的是与捷达、桑塔纳们的差距到底在哪里。

首先是体系竞争力方面的差距，这一点甚至比产品本身更重要。在"老三样"中，产品本身最先进的一度被公认为是富康，可是，市场长青的却是捷达和桑塔纳，主要原因就在于南北大众更具优势的体系竞争力，而上海通用因为超强的体系竞争力，在这个10强榜单中，独占了3席。

其次，在一定市场条件下，品牌力的作用也是超越产品力的。无论是凯越、新赛欧，还是朗逸、新宝来，如果单论产品力，应该都不足以跻身前十，但是强势的品牌力，弥补了产品力的不足。

实际上，"老三样"不变的只是名字，今天的捷达早已不是当年的捷达，今天的桑塔纳也已经是全新的桑塔纳，炒作概念是没有意义的，什么"新三样"、"新新三样"，市场认的从来就不是概念，那只能是自娱自乐。

2011-12-19

挖矿的和炼钢的

新工厂不断投产，新项目不断奠基，新资本不断涌入，这几年，中国汽车行业给人的印象就是一座挖不完的金矿，全世界的淘金者蜂拥而来。不过，2011 年中国车市的表现，令这些淘金者大失所望。虽然乘用车市场整体还有 7% 左右的增长，但是这让已经习惯了中国车市每年 20% ~30% 增速的汽车行业很不适应。

在经历了连续两年疯狂的增长之后，中国车市在 2011 年似乎一下失去了动力，前 11 个月，全行业增长不到 3%，单季甚至出现了十年来罕见的负增长。

今年的广州车展上，汽车厂家对未来车市的态度都谨慎起来，这与前两年的情景形成鲜明对比。那时整个行业都认为中国车市这座金矿还只是刚刚露了个尖，大头还在后面，很多人都认为中国未来车市的年销售峰值可以达到 4000 万辆。

可惜的是，他们的依据太不充分，仅仅只看到我们的千人汽车保有量水平还很低，没有考虑到社会资源的刚性约束。

2011 年的中国车市，以北京的摇号限牌开始，以各种汽车消费刺激政策的退出结束。北京的限购政策被很多人痛骂，可是，这是社会资源刚性制约的一个表现。可以肯定，今后汽车在更多的大城市也会被限制，所不同的只是限法。

不仅堵车，停车也是大问题。本人所在小区的车位价格，从2004年的不到10万元，涨到现在的40万元，这也是社会资源刚性制约的表现。

时至年末，还是北京，连续的浓雾天气，使PM2.5这个专业术语，在国人中得到快速普及。可是，我真的认为，凡是开车的，都不太有抱怨的资格，汽车尾气对空气污染可没少“贡献”。环境，也是刚性制约的一种。

当然，还有石油。接近年底，很多地方又出现了油荒。石油一直是汽车行业头顶的达摩克利斯之剑，中国目前的石油对外依存度已经超过一半，如果年销汽车4000万辆，会是什么状况，我不敢想象。

现在的中国车市，已经接近顶峰，高速增长将成为历史，当然，车市并不是就不发展了，如果说之前的十年是高速增长的“黄金十年”，那么接下来将是消费快速升级的“白金十年”。

消费快速升级的特征其实在今年已经很明显。虽然整体市场增长乏力，但是豪华品牌、进口车增长比以前更加迅猛；虽然乘用车整体表现一般，但是SUV等局部细分市场增长很快……

即将步入2012，中国车市整体低迷，消费快速升级的特征将会延续。可以预见，很多厂家将经历更加痛苦的一年——特别是本土汽车品牌。在过去的这些年里，本土汽车品牌一直在为别人培养客户。长期困守超低端的泥淖之中，本土汽车品牌根本无法留住换车的客户，未来，如何满足消费者升级的需求，留住换车客户，将是本土汽车品牌最大的挑战。在高增长的市场中，我们可以挖矿，但在快速升级的市场中，我们需要炼钢。不在最基础的设计、研发、制造工艺上固本培元，本土汽车品牌前途渺茫。

可以肯定，有一些本土汽车品牌会在未来出局，但是，我同样也相信，一定会有中国本土汽车品牌成长为真正的国际巨头。一个2000万辆级的本土市场，一定会诞生几家本土汽车巨头。谁能成为未来的中国“三大”？我不敢妄言，但是那些热衷于为他人作嫁衣、赚快钱的“项目公司”肯定是没份的——不论它是什么行政级别。

2011-12-26

2012年度好消息，坏消息

2012年真的来了。有好消息，也有坏消息。

好消息：经过严厉的调控，房价终于有了下降的苗头。

坏消息：股市也跌到了十年前的水平。

好消息：幼儿园乱收费被叫停。国家发改委、教育部、财政部日前联合印发《幼儿园收费管理暂行办法》，严禁幼儿园以任何名义向入园幼儿家长收取赞助费、捐资助学费、建校费、教育成本补偿费等与入园挂钩的费用。对于违反规定的幼儿园，政府将不再核发收费许可证。

坏消息：根据经验，乱收费一般是叫不停的。

好消息：买火车票要实名了，既可以网络购票，又可以电话订票，不用去车站通宵排长队了。

坏消息：购票网页总是登录不了，订票电话总是占线。

好消息：终于要监测PM2.5了。环保部表示，2012年，京津冀、长三角、珠三角等重点区域及直辖市和省会城市将开展PM2.5和臭氧监测。

坏消息：政府说缺钱。监测PM2.5在技术上没有问题，据说最大的问题是资金，一套PM 2.5的监测设备最贵的要38万元，最便宜的也要8万元，好贵！

好消息：长航燃油附加费下调了。1月5日，国内800公里以上航线燃油附加费由140元下调至130元，800公里及以下航段燃油附加费保持70元不变。

坏消息：只下调了10元钱。

好消息：明年有多款SUV新车问世。仅国产的就包括：标致3008、宝马X1、奔驰GLK、奥迪Q3、雪佛兰科帕奇、现代新胜达、别克Encore、本田新CRV、金杯S30、景逸SUV、广汽传祺GS5、全球鹰GX7……

坏消息：根据目前的中东局势，国际油价有可能大涨。

好消息：越来越多的地方出台了校车管理办法，越来越多的小朋友将坐上真正的校车。

坏消息：马路还是危险的地方。大人们在甘肃校车事件之后，虽然慷慨激昂了一阵，可开车走路依然那副德行，黄色校车在路上除了显眼一点外，享受不到任何真正的特权。

好消息：买新能源车将免征车船税。财政部、税务总局、工信部发布了《关于不属于车船税征收范围的纯电动燃料电池乘用车车型目录》，首批49款新能源车将免征车船税，包括42款纯电动车和7款燃料电池车。

坏消息：燃料电池车买不起，纯电动车续航里程太少，出不了城。

好消息：《车天下》和羊城交通台合作的一档节目周二开播，通过《车天下》微博参与节目互动，有机会赢取奖品。

坏消息：奖品很少，参加的人很多，估计中奖概率不大。

好消息：本期我们推出了编辑推荐年度专题《车天下BEST BUY》，想买车的人可以参考一下。

坏消息：我们采取的是民主投票的办法，本人的专业意见没有得到太多体现，编辑部占绝对多数的女性意见统治了这个榜单。

希望好消息越来越多，坏消息越来越少。

2012-1-9

46

路品即人品

在校园里的花坛上拍个照，安全系数应该比较高吧，可是遇到失魂的司机，事情就难说了。大年初一发生在华南理工大学校园里的车祸，导致一死一伤，我仔细地看了新闻，真是有些匪夷所思，花坛周围有石围栏，还有两级台阶，校园里限速20公里/小时，车祸无论如何都不应在这里发生啊！

大年初三，我在车辆稀少的广深高速，亲眼见到了一起严重的车祸。过年前，听广播里说，在堵塞严重的“京珠北”，一天里大大小小的各类事故超过了70起，真是顺畅也撞，塞车也撞，甚至都撞到远离马路的花坛上去了。

据广东省公安厅交通管理局通报，今年春运以来（1月8日~1月28日），全省共发生道路交通事故1 039起，这还比去年下降了14.77%，致受伤1 246人，死亡254人。每宗个案可能都有各种偶然因素，但是在超高的交通事故发生率的背后，一定有其必然之处。

一段高速上一天就发生超过70起车祸，这是为什么？是不是因为我们习惯了不排队、乱变线、乱加塞，习惯了开斗气车，习惯了各种不安全的驾驶习惯？

因为工作原因，多次出国试车，不论是德国、日本这些发达国家，还是印度、泰国这些和我们一样的发展中国家，一个星期里往往难见一起车祸，但在广州，上下班短短的10来公里路上，小剐小蹭，常常一见就是几起！而据说广州的交通秩序在国内还算不错的。

说起在国外开车，一位仁兄说，其他还好，就是一些交规不太熟，有车没车路口都要停一下，环岛外要让环岛内的车先行等。其实，这些交规一样写在国内的交规里，不过大家从来都不遵守罢了。

大家常说酒品见人品，牌品见人品，在我看来，路品更见人品。喝酒打牌往往都是熟人，熟人之间难免客套谦虚，路上都是陌生人，大家就都“坦诚”相待了。于是，不能停的地方停了，不该变线时也变了，红灯绿灯、虚线实线全都形同虚设。

很多人喜欢高谈阔论，什么民主啊、自由啊、爱国啊，韩寒在他的“韩三篇”里说得好，你开车的时候如果能主动切换一下大灯，可能会让我更爱这个国家一点。这话是不是韩寒说的，现在似乎存疑，但道理是实在的。

春节几天广州市内车少人稀，开车比平时顺畅很多，但还是被很多路品不好的人搞坏了心情：眼看绿灯在倒数，前车就是不给油；前面没有任何状况，他突然硬要变个线；我就纳闷了，这是为啥呀？如果不是存心别我、堵我，我真的无法理解这些行为！说到变线，很多中国司机似乎患有变线强迫症，无法长时间把车行驶在同一车道内。

为了我们的马路越来越和谐，在这里给大家三条建议：第一，所有交规都是为了保护你的，要把无条件遵守交规变成自己的习惯；第二，要尊重所有交通参与者，时刻想到你在马路上展现的才是你真正的人品；第三，抽空练练车，华南理工的车祸，我严重怀疑司机误把油门当成了刹车，这种低级错误导致的恶性车祸已经太多了，紧急制动、紧急变线、定位停车、倒车绕桩，平时多练练，关键时刻能救命。

2012-2-6

为日系车把把脉

最近，日系车有点衰。

丰田不仅丢了全球销量冠军的荣衔，排名还滑落到第三；本田全球销量更是同比大幅下滑 13%。相比日系车，通用重夺全球老大桂冠，大众销量跃居全球第二，历史上首次突破 800 万辆，连一贯不被日系车看在眼里的韩系车也来势汹汹，现代起亚集团去年全球销量达 660 万辆，其中现代汽车销量超过 400 万辆，净利润达 72 亿美元，增幅超过 5 成，不仅创造了该公司盈利纪录，也超过了丰田和日产两大汽车公司预估利润的总和(日本汽车公司财政年度要到 3 月份才结束)。

日系车最失意的地方大约就是中国市场。丰田输给通用大众的最主要原因就是输掉了中国市场。去年南北大众销量合计近 220 万辆，上海通用一家就实现了 123 万辆的销量，而一汽丰田和广汽丰田分别只实现了 53 万辆和 27 万辆的销量，两个本田情况更凄凉，分别只有 36 万辆和 26 万辆的销量。

丰田本田为代表的日系车在中国——这个目前世界上最重要的汽车市场——的弱势在 2012 年似乎仍在延续。今年 1 月，由于春节假期的影响，各厂家销量同比都有所下滑，但是丰田本田的下滑幅度远高于对手。1 月本田在中国的两家合资厂销量同比下滑 41%，降至 38 716 辆；丰田 1 月在华新车销量也同比下滑 26%，降至 58 700 辆；与其对比，上海通用 1 月销售 12.4 万辆，同比仅微幅下降，别克品牌甚至还有所增长；大众集团更加强势，1 月份在中国销量同比增长 30.6%，至 217 900 辆，其中大众品牌在华销量达 17.5 万辆，增长了 29.4%。

很多人会说这要归因于日本大地震。大地震当然影响很大，但仅仅因为地震吗？如果仅仅因为地震，怎么解释 2012 年的继续落后？保守的市场策略、缺乏魅力的产品设计、决策效率低下的大企业病才是日系车这一轮竞争失利的根本原因。

雷克萨斯迟迟不国产是最集中的反映。奔驰、宝马都早已在中国投产，并取得了辉煌的业绩，丰田还在担心雷克萨斯国产可能对品牌的不利影响。雷克萨斯在中国豪华车市场的地位，曾经一度无限接近德国三巨头，可是，2011 年在中国市场，奥迪销量超过了 30 万辆，宝马接近 22 万辆，奔驰接近 20 万辆，雷克萨斯则只有 5.6 万辆，这种量级的差距，造成了几乎不可逆的品牌地位的差距，未来，除非德国人自己犯错，雷克萨斯在中国基本丧失了成为最主流豪华车的可能。

丰田章男临危授命接任社长之初，就提出要打造令人怦然心动的产品，他看到了问题的要害。现在，光可靠省油是不足以打动人的，消费者需要时尚、动感、豪华、令人兴奋的车。今天，产品魅力比油耗和可靠性更重要，因为你已经不可能比别人省太多油，而别人的可靠性也在大幅提升，可是日本人还在坚持中庸的设计风格，还在以过时的实用主义哲学造车。丰田、本田最近的几款战略性车型先后换代，但是很遗憾，从设计来看，真的令人失望。对比一下别克君越、大众迈腾，特别是现代索纳塔和起亚 K5 的换代，日本人在设计上的确是落后于整个时代了。

全球汽车行业最大的机会在哪里？当然是在中国。可是本田、丰田却不肯拿更多的车型到中国来，广汽本田到今天实质上仍只有 4 个系列车型，市场规模最大的 A 级车，没有，增长最快的 SUV，没有，这个仗还怎么打？广丰也面临类似的困境，对比一下大众，不仅奥迪可以国产，还可以加长，帕萨特可以国产，还可以几代产品同堂，大众 CC、高尔夫 GTI 这样的个性化产品都可以国产。通用更甚，在美国没有合适的车型，那就拿欧宝的最新款改挂别克标在中国生产。十年前都说日本人最懂中国市场，现在日本人真的要好好学学欧美对手了。

但是，我并不认为日系车会就此长期衰落下去。整体上，日系车在行业生态、技术实力、精益生产、全球化水平，以及品牌号召力上，还是有优势的。如果以美系车、欧系车、日系车、韩系车来比较，日系车也许依旧是整体实力最强大的一个。

在环保节能方面，日系车依然有着强大优势，J. D. POWER 的可靠性调查榜单长期被日系车垄断。最近，德国汽车工业协会公布的 2011 年度环保车型榜，11 款车中 7 款是日本车。混合动力是无法绕开的发展阶段，这已经逐渐成为汽车行业的共识，而丰田在这项技术上的领先优势几乎形成了对手难以逾越的技术壁垒。

上周在羊城交通台《路路通车天下》节目里，我说油价要涨，当晚就涨了；王灿彬说是神话就会破灭，第二天微博上就说高尔夫换用 6AT 了。我还说未来三五年全球老大应该还是丰田，这个会不会应验，那当然还要看丰田自己是不是真的能发现问题，并作出正确的选择，特别是在中国市场。现在已经有比较积极的迹象：丰田在中国设立了研发中心，并将中国本部从日本迁至北京，并宣布未来所有在华决策都将在中国完成。

日系车此轮只是发展中的周期性低潮，没什么大病，顶多有点食滞脑沉，多运动，捂一捂，发发汗也就好了。不过也要重视暴露的问题，否则小恙酿成沉疴的病例也是很多的。

2012-2-13

劳斯莱斯梦魇

温州雅阁撞了劳斯莱斯，我还在当热闹看，接着南京菱悦撞了劳斯莱斯，我就隐隐有点担心起来。因为，虽然本人车技那是非著名的好，而且开车也一贯小心翼翼，夹着尾巴，但是——我不能保证就完全不会哪一天点儿背了，吻了辆劳斯莱斯或者宾利、法拉利、兰博基尼什么的，甚至吻到一辆布加迪卫航的概率也不是完全没有，就像温州的那位女士以及南京的那位厨师一样。套用一下慕容雪村的“每个作家都会面临韩寒困境”的说法，每个司机都难脱劳斯莱斯梦魇——实际上不止司机，骑车的、蹬三轮的，甚至走路的，都有和劳斯莱斯发生碰撞、剐蹭的可能。

一旦吻上，后果严重。除了保险，温州雅阁车主还要承担 18.8 万元维修费用，这已经大致够买一辆新雅阁了；而南京菱悦车主一开始肯定被 110 万元的定损吓傻了，不过他比较幸运，因为他撞到的是一辆没上牌的劳斯莱斯，心虚的老板一豪放，放弃索赔，认了倒霉，感动得肇事小伙祖孙三代在电视台演播室当面感谢老板仁慈。

两起事故一出，保险公司高兴了，看看，多么鲜活的广告，赶紧地，买高额的第三者责任险吧，每年多交几百块保险费，下次撞到劳斯莱斯就不怕了。

可是，我还是不大愿意为这种超低概率事件买更贵的保险，然而又无法摆脱这种梦魇，于是难免对开豪车上街的大款们心生不满，1000 多万元的车，你买了放家里，顶多像某酒楼老板那样，放酒店门口，显摆显摆，也就完了，还真开大街上来，合适吗？一来就咱们这路况，不剐不蹭几乎是不可能的；二来，这玩意儿压根就不是车，是奢侈品，欣赏把玩可以，真的坐人，没大巴宽敞，没大货彪悍，占道费油乍眼碍事，严重不符合科学发展观，是构成社会不和谐的重要因素。每年车展，都会有一种无聊的新闻，就是几百上千万元一辆的豪车，被神秘买家现场买走。

对皮包、手表之类的奢侈品，我不太了解，它们值不值十多万元一个，我不敢妄言，但是对于车，几百万、上千万的价格真的非常离谱。它们有什么呢？无论宾利还是劳斯莱斯，都不可能比奔驰 S 级、宝马 7 系，甚至大众辉腾更有技术含量。事实上，宾利要靠大众，劳斯莱斯要靠宝马提供技术支持。那么它们高价的唯一解释就是所谓的手工定制。手工就这么值钱？那么中国人有福了，因为据我所知，中国很多东西都是手工打造的，比如，我们报社对面的兰州拉面。

南京被撞的劳斯莱斯据称售价是 1200 万，其实我对买车的老板还是理解的。因为人类最高的需求还是在精神层面，弄一辆这样的车，倒不在于开起来很过瘾，或者坐起来过瘾得要死，而在于让别人知道自己是有钱的大爷，这一点很关键。可是，为这些精神自慰需求剧烈的老板们，买一辆 1200 万的劳斯莱斯，实在不是一个上策，因为，一来，维修保养后续花费高昂，南京的那辆车买了好几个月一直没有上牌，这也是原因之一；二来，不开出去，没人知道；三来，偶尔开出去不仅有被剐蹭的危险，将来吉利卓越如果上市了，还有被误认开了一辆吉利出门的可能；同样的 1200 万元——不计利息，换成百元大钞，就是 12 万张，每天派一张给路上的乞丐，估计人家也不介意呼你一声大爷，如此，你可以每天听别人叫你一声大爷，连听 320 多年而不绝！君意以为何如？

2012-2-20

吐就让他们吐吧

英国 BBC 著名的一档汽车节目《TOP GEAR》，最近做了一期关于中国汽车的专场，相信很多人都看过这期节目，因为在网络上很火，内容——用网络语言来说就是对中国本土汽车品牌的“神吐槽”。

我也看了，心情比较复杂。必须承认，节目内容本身的确很精彩，但是克拉克森（该档节目的毒舌主持人）们对中国本土汽车品牌的种种夸张的讽刺挖苦，我在情感上有些接受不了，而更令人接受不了的是，他们所挖苦的大多又都是事实，比如拙劣的抄袭、画虎类犬的模仿，比如低劣的质量、毫无创意的设计……

大多是事实，那么自然也大有不实之处。比如节目中对中国汽车碰撞测试的恶搞（用接近零的速度去撞墙），就非常地不负责任。国内的碰撞速度是比国外略低一些（国外正面碰撞测试多是 64 公里/小时，国内是 50 公里/小时），但结果还是非常有参考价值的。以前，国内很多车在碰撞测试中表现的确不好，但是近几年进步很大，C-NCAP 碰撞中拿 5 星的本土品牌车型越来越多，帝豪 EC7 和 MG6 此前在欧洲 NCAP 的碰撞测试中也都拿到了 4 星……

除了安全，近几年，本土品牌汽车在设计制造、性能品质、经济可靠等方面，都取得了长足的进步；在汽车技术领域，自动变速器、双离合变速器、缸内直喷、涡轮增压、DVVT，本土汽车品牌在越来越多的先进技术领域取得突破；在产品质量方面，J. D. POWER 的调查结果显示，本土汽车品牌与合资厂家之间虽然存在差距，但是差距连续几年都在缩小……

除了 EC7、MG6，本土汽车品牌近年里还涌现出不少不错的产品，比如哈弗 H6、江淮和悦、奇瑞 A3、荣威 350、广汽传祺等。克拉克森的那期节目如果等到长安逸动上市后再做，也许他的很多看法会有所不同。我开过逸动，这款车设计性能一流，8 万元人民币左右的价格，居然配备了自动启停系统，提供 4 年 10 万公里的保修，我的看法是，这款车完全可以秒杀很多畅销的合资 A 级车。

但这只是我的看法，市场认不认就难说了——国人对本土汽车品牌成见实在太深。今年 1 月，本土汽车品牌里卖得最好的似乎是吉利，不到 4 万辆，可是上海通用仅凯越和科鲁兹两款车的销量就超过了 5 万辆。长城、奇瑞、江淮在不同的海外市场都有不错的表现，而且，这些中国车在海外市场的售价也普遍比在国内高，可是在它们的本土市场，大家更接受洋 LOGO，甚至很多人买了比亚迪也要把车标改成丰田。

从去年以及今年前两个月的市场数据来看，木土汽车品牌真的形势严峻，如果说在高速增长的市场里，奇瑞、吉利还能捡个漏，那么在快速升级的中国车市，本土汽车品牌似乎正进入一个小冰河期。能不能挺过去，我想除了本土汽车品牌自身的努力，也需要消费者给点机会。如果是 B 级车，那么实话实说，本土汽车品牌暂时的确还缺乏竞争力，可是，如果是 A 级或者更小的日常使用车型，那么完全可以考虑一下本土汽车品牌。从只能卖 A0 级车，到现在 A 级车也很有竞争力，中国汽车工业在短短几年里的进步是巨大的，克拉克森在节目最后说“也许 5 年后我们都不得不买一辆中国车”，我认为他是认真的。

实际上，克拉克森们不远万里跑到中国来做这一期节目，恰恰也是中国汽车工业在世界上的存在越来越强势的一个证明。他们一面不得不承认传祺和荣威“还不错”，一面又把传祺称为穿马甲的阿尔法·罗密欧，那么标致 3008 何尝不是穿法国马甲的欧蓝德？菲亚特菲跃不就是道奇酷威穿了意大利马甲？保时捷卡宴不就是穿了豪华马甲的大众途锐？我其实很能理解他们的复杂心情，毕竟中国的汽车工业在成长壮大，而英国已经逐渐没有汽车工业了，所以，他们要吐槽就尽管让他们吐吧——当初日本和韩国的汽车工业，也是这样在欧美老师们的吐槽中走过来的。

2012-2-27

春风普度即不度

工信部日前对外发布了《2012 年度党政机关公务用车选用车型目录》，412 款“入围”车型全部是根红苗正的本土汽车品牌，虽然还只是征求意见稿，但今后公务用车采购全面向本土汽车品牌倾斜，应该是既定的长远方针，这对于目前处境艰难的本土汽车品牌而言，不啻是一股春风。

不过，本土品牌汽车厂家在高兴的同时，也应该有清醒的认识，这股政策的春风，未必就能带来汽车市场的春天。因为公务用车采购量占整体汽车市场比例非常有限，中国汽车流通协会副秘书长罗磊认为，这个比例不到 5%；而如果只是一般性公务用车，每年采购量大约是 20 万辆左右，仅占全国狭义乘用车年销量的 2%！全部买本土品牌汽车，也只能拉动销量增长 5% 多一点。

所以，政策的示范意义大于实际意义。如果领导干部都用上本土品牌汽车，可以在很大程度上打消消费者对本土品牌汽车在安全、可靠等方面的顾虑，尤其是面子上的顾虑——县长开的都是吉利，你开一帝豪不是很有面子?

此外，春风固然能绿江南岸，但是任你几级春风，也吹不绿戈壁滩。本土品牌汽车要真正为市场所接受，迎来真正的春天，还是要靠自己，要正视并努力缩小在基础技术研发、设计制造、工艺品质、传播营销等方面与洋品牌的差距。

“入围”该目录的车型多达412款，入围之所以加上引号，是因为我们不知道，也看不出这个目录有什么标准，有比亚迪F0，没有奇瑞QQ、江淮悦悦；有瑞麒G3、G6，却没有瑞麒G5；有帝豪EC7，却没有帝豪EC8；已经有厂家在高调地庆祝“入围”了多少款车，但如果这是一个除了“自主”之外，根本没有任何门槛的目录，入围了，又有什么意义呢？

对于那么多本土品牌汽车厂家，公务用车市场本来就是杯水车薪，400多款车型“入围”，有点春风普度的意思，可是资源有限，好钢应该用在刀刃上。公务用车采购在“自主”的框架内，同样应该鼓励自由竞争，优胜劣汰。这就需要设定入围的门槛，除了“自主”之外，应该还有更具体的安全、环保、油耗、价格等一系列标准。现在的这个目录太长了，在我看来，轿车50款，多功能车、越野车各20款，足矣。

如果没有实施细则，如果不设定入围的门槛，根据国情，将来公务用车采购中的地方保护主义，可以肯定是无法避免的，安徽的公务用车只用奇瑞、江淮，上海的公务用车只用荣威、名爵，广东的公务用车只用传祺、长丰，用长城的只有河北，用长安的只有重庆，干扰了市场正常的优胜劣汰的进程，对本土汽车品牌发展而言，未必真的是好事。

我们要正视的一个现实是，国内现有的汽车品牌太多了，未来真正能够生存下去、发展壮大起来的，也就那么七八个甚至更少，大多数汽车品牌的结局是出局，政策的春风应该是加快而不是干扰这个市场进程，让那些本来要淘汰的品牌得以苟延残喘应该不是我们制定政策的初衷。

2012-3-5

51

反制和反反制

在奥迪全球新闻年会的提问环节，第一个抢到话筒的是个欧洲记者，他问奥迪董事长施泰德："您刚才讲话中太多次提到中国，可是据我所知，外国汽车公司在中国市场的遭遇似乎也开始不那么好了……"，这位仁兄七弯八绕，也不知他到底想要问什么，可能是想说，中国政府公务用车采购都要对你们说不了，奥迪为什么还要热脸贴中国的冷屁股。

施泰德多聪明啊，弦外之音一听就明，他回答得特别好，他说："任何一个国家希望发展本国的汽车工业都是无可厚非的。"而且，他还补充道，奥迪现在在中国的销量，超过九成来自个人，然后是集团和公司客户，真正来自政府的订单所占比例已经非常非常低。

2月24日，工信部发布了《2012年度党政机关公务用车选用车型目录(征求意见稿)》，412款入围车型全部是本土品牌车型。用纳税人的钱购买的公务用车，选用本国品牌汽车，这几乎是国际惯例，而且公务用车只占国内轿车市场2%左右的份额，政策主要体现一种对本土汽车品牌的鼓励，不会对整个汽车市场造成根本性影响。即便如此，在一些西方人看来，这也是难以接受的，中国欧盟商会秘书长丁凯(Dirk Moens)就气势汹汹地表示，这是中国汽车市场的“闭关措施”，欧盟商会将同会员一起评估中国公务用车改革带来的影响，并有可能敦促欧洲国家政府采取“反制措施”。

反制什么啊？你拿什么反制？据说反制措施是，欧洲向长城和吉利开放市场的情况可能将不再继续。长城、吉利真的进入欧洲市场了吗？卖了几辆？因为自身汽车工业强大，欧洲几乎是世界上最难进入的一个汽车市场，即使强大如日本车，也一直难以在欧洲打开局面；相反，中国这个现在全球第一大汽车市场，却几乎是世界上开放程度最高的，我们去年销量前十的轿车，只有一个是本土汽车品牌，销量前十的乘用车企业，本土汽车品牌只有3家。大众、奥迪、斯柯达全球第一大市场都是中国，相信不久后中国也将是宝马、奔驰、宾利的最大市场，如果欧盟真的采取所谓的反制措施，那么中国的反反制对欧洲汽车工业的打击将是致命的。

所以，施泰德是清醒的，丁凯是半吊子。很快，中国欧盟商会又变调了，说是媒体报道有误，并未敦促欧洲国家政府采取相应的反制措施。我不认为报道有误，只是丁凯意识到自己粗鲁而草率的表态，不仅不能改善欧洲汽车企业在中国的境遇，反而会因为引起广泛的不满，而给本来在中国顺风顺水的欧洲汽车厂家添了乱，急于挽回一点业已造成的恶劣影响而已。

2012-3-12

“3·15”随感

一年一度，消费者权益日，但是，作为消费者，我从来没有在这一天感到过扬眉吐气。

在你的生命里，如果只有365分之一的机会才会被尊重一下，那实在不值得高兴。

媒体上，看到“3·15我们在行动”这样的标题，我不仅不会感激，还会心生反感——“3·15”在行动，那平时呢?

太刻意的事情，都欠真诚。

在一个造假无处不在的时代，每个人都是受害者。这边他刚刚卖出一袋过期食品，那边，他就在餐馆吃到了地沟油料理；这边你正庆幸买到的不是被曝光的问题牛奶，那边，人家已经振振有词地科普，他们的做法不过只是行业惯例。

在一个金钱是唯一价值标准的时代，大家都被驱使着参与造假或制劣。

被CCTV“3·15晚会”曝光的麦当劳或家乐福的那些员工，我不认为他们在生活中就是道德底线更低的一群人，那些贩卖他人信息的银行员工，以及参与发送垃圾短信的通讯公司员工，更大可能都是和你我一样普通得不能再普通的社会成员。

如果，一个社会，所有人的底线都是不直接伤害他人，那么就没有谁是真正无辜的，大家都是彼此间接的施害与受害者。

在一个总是要靠媒体暗访曝光、记者卧底打假的社会，假，会永远存在。“3・15 晚会”的规模再大，曝光的典型、非典型再多，媒体天天在行动，也没用。

“3・15”的意义，不应该仅仅停留在集中曝光若干典型，审之判之，讨之罚之。如果没有充分竞争的市场环境，没有科学完善的监管体系，没有独立刚性的法制约束，“3・15”就没有意义。

不少人似乎对这次“3・15 晚会”颇为失望，因为竟然没有曝汽车行业的光。

汽车行业值得曝光的事情当然有，但是横向比较一下，这些年来，别的什么都在涨价，车价却一直在降，技术配置一直在升级，服务一直在进步，像汽车这样对得起消费者的行业真没几个了。

这，当然并非是因为汽车行业有更高的平均道德水准，而仅仅是因为这个行业竞争比较充分一点，消费者的选择更多一点而已。

2012-3-19

重新认识本土品牌

过去的两周是属于本土品牌的。

长安逸动、风神 A60、上汽 MC5、吉利 GX7、比亚迪 G6 1.5TID，本土品牌一系列新车纷纷亮相。和以前的很多本土品牌车型不同，这几款新车都堪称精品，有设计感了，不山寨了；有技术含量了，不粗糙了；逸动搭载了自动启停系统，在噪声控制方面，甚至已经开始注重音质，而不只是单纯地“降噪”；比亚迪 G6 1.5TID，搭载了完全自主研发的涡轮增压缸内直喷发动机和 DCT 双离合变速器；帝豪 EC7 在欧洲 NCAP 碰撞测试中的成绩超过很多合资车……

但是，市场又似乎不属于本土品牌。据乘联会的数据，今年前两个月，乘用车整体同比下滑 3%，但本土品牌下滑了 20%！3 月份的形势更不容乐观，多数本土品牌同比仍是大幅下降。

我必须承认，自己也是一直戴着有色眼镜看待本土品牌的。在试逸动的时候，我很意外，试 GX7 的时候，还是意外，试比亚迪 G6 的时候，依然意外——意外于这些本土品牌的车居然都做到了这种程度。

看来，我早该换一种眼光看本土品牌。以前很多本土品牌车型还的确是村气十足，但是现在很多本土品牌已经脱胎换骨，基本具备了与合资车叫板的实力——从产品本身而言。这一点，供应商的话也可以作为侧面的证明。一家国际著名的汽车配件供应商的老总说：“我们卖给合资厂和本土品牌的东西是完全一样的，但是它们的车价却差得好远，我们都觉得有点不公平。”

但市场没有给本土品牌机会。所以，本土品牌只能在价格上做文章，10分的东西，8分都卖不到，只能6分卖。我也非常诧异于本土品牌厂家的成本控制能力——居然可以把价格定得这么低！的确是低啊，逸动，7.39万元起，自动档顶配车型，带自动启停系统，也不过9万元出头；比亚迪G6旗舰版，典型的B级车，涡轮增压、缸内直喷发动机，DCT双离合变速器，各种配置一应俱全，才卖11.58万元！

为什么本土品牌的猪肉都只能卖白菜价？这个问题首先当然是本土品牌厂家自己需要思考的，但作为消费者，我们恐怕也需要反思一下。中国人选车，面子占很大因素，可是，窃以为，对那些真正的成功者——无论是政界商界还是文体界——来说，开一辆本土品牌的车才更有面子。广州的市长陈建华带了个好头，听说他选了一辆传祺作为自己的配车。在此，我也宣布，本人的下一辆车一定是本土品牌，这倒和面子无关，本土品牌的性价比是真高呀。

2012-4-9

混动时代来临

“在不远的将来，中国一定会成为全球最大的混合动力汽车市场。”虽然我也一直认为混合动力是绕不开的发展阶段，但是本田执行董事兼中国本部长仓石诚司的此番话还是有点出乎我的意料。

因为，到目前为止，混合动力车在国内不但销售惨淡，而且市场认知度很低。一项调查显示，中国消费者对混合动力车的认知度只有区区5%。但是，我还是认为仓石的话是可信的。

节能和环保才是汽车行业真正的核心技术，其他的种种智能科技，比如语音控制、车载互联什么的，相比之下，都只能算花花草草。混合动力虽然不能完全摆脱对传统能源的依赖，但却实实在在地节能减排。丰田刚推出普锐斯的时候，遭遇到无数冷嘲热讽，许多厂家等着看笑话。结果，现在丰田全球的混合动力车很快将迎来第400万个车主，普锐斯也连续多年跻身美国单一车型销量前十，在日本甚至多次夺得单一车型月销量冠军。

如此铁一样的事实就在眼前，可我们的一些领导却硬是视而不见，非要“弯道超车”，非要抄捷径，非要绕过混合动力车，非要直接上纯电动车。前两年全行业的电动车集体狂躁症，某种程度上就是因为中国出台的所谓新能源车规划描绘的美好前景太诱人，全球最大汽车市场的影响力就是大呀。前些年，比亚迪甚至公开表示，不会在内燃机、变速器等传统动力总成上进行研发投入，因为纯电动车时代，发动机和变速器都是多余的。

结果，大家都知道了。纯电动车时代看来远没有想象得那么触手可及，再不补传统动力的课，也许在美好的纯电动车时代到来之前就挂了。比亚迪还算醒悟得快，很快调整了战略，不仅自己研发出了缸内直喷增压发动机，还搞出了 DCT 双离合变速器，毕竟是企业啊。

日产聆风和雪佛兰 VOLT，一款纯电动车，一款增程型电动车，上市前风光无限，上市后表现惨淡。VOLT 在美国因为库存太高，已经停产多时，与此同时，混合动力却越来越风光，美国权威的《消费者报告》杂志最新一期公布的年度最佳车型榜单上，10 个组别冠军，丰田拿了 5 个，其中就包括混动版凯美瑞和普锐斯。

很多人喜欢引用 IT 领域的例子来说明我对电动车技术估计过于保守，事实上，我并不是保守，只是记忆力比较好而已。十年前，汽车行业郑重其事告诉我的种种承诺，比如全面进入氢经济时代，比如零事故智能交通，一个也没有兑现。我于是也懂得了一个道理，很多领域的经验不能直接相互印证，比如 U 盘的存储容量可以轻易从 16M 发展到 16G，但是水稻的亩产从 1000 斤增加到 2000 斤就很难，杂交都不行。

去年开始，纯电动车热全面降温，大家从美好的规划中回到现实。最近，工信部有官员表态："对于新能源汽车发展的路线，目前大家已普遍认同要先走混合动力，再走纯电动，最后过渡到燃料电池。"而中国汽车工业协会副秘书长叶盛基也说："目前，大家已经普遍认同，纯电动车的发展不可能一步到位，包括插电式在内的混合动力车是不可逾越的过程。"我想这是好事，既然认识到纯电动遥不可及，那么折回头搞混合动力也还为时未晚。

2012-4-16

好车的标准

Who makes the best cars? ——美国《消费者报告》最新一期公布了美国市场本年度13大汽车品牌的排名，依次是：斯巴鲁、马自达、丰田、本田、日产、VOLVO、现代、宝马、大众、福特、奔驰、通用、克莱斯勒。

和你心目中的排名是不是很不同？

先说一下，《消费者报告》的这个名次是如何排出来的。他们先依据实际测试，给出了270多款车型的路试成绩，再结合各车型的可靠性、油耗等数据，对车型进行排名，最后比较各品牌所有车型的平均成绩。

除了这个品牌排名，《消费者报告》还给出了更重要的一个榜单——各级别的冠军车型。一共10个组别冠军，7个日本车，其中丰田一家就包揽了5个，福特、现代、雪佛兰各一个。

是不是和我们心目中的更加不同？

这其实涉及好车的评判标准问题。

在评价怎样才算是一款好车这个问题上，媒体界一直存在着两条路线：一是以《消费者报告》为代表的消费主义路线，二是以一些所谓的专业媒体为代表的操控主义路线。

我不否认有人买车是用来飙的，但是绝大多数人买车是用来开的。对于普通家用或商用车——也就是说90%以上的车而言，节油和可靠才是最重要的。我不是说操控不重要，但是，要看是什么车，赛车或跑车，当然最重要的是速度，是精准的操控，但是一辆普通家用车，它会被开到赛道上蹂躏吗？0～100 公里/小时是 10 秒、9 秒还是 8 秒，有意义吗？能以 60 公里/小时、70 公里/小时还是 80 公里/小时的速度过某个弯，重要吗？

在消费者对车的投诉中，从来都不会是因为上述这些问题，不都是诸如车哪儿漏油了、哪儿失灵了、车窗降不下去了、发动机起动不了啦、油耗太高了之类的毛病吗？

国内的媒体，在评价车的时候，多数喜欢走后一种路线，所以媒体上称好的车，市场往往不认同，市场销售得好的车，媒体上评价常常不佳。我本人是更加认同《消费者报告》的，事实上，这种路线门槛更高、更专业。就像《消费者报告》自己所说的，他们一款车往往试两个星期甚至几个月，而很多媒体往往只是试一两天而已。如果只是测试操控性能，半天确实足够了，找个小型赛道，你就飙吧。可是，人家买一辆车家用，谁会像你那样在马路上把车弄得吱呀乱叫，轮胎生烟、制动盘发臭呢？

2012-4-23

好车展的标准

王侠会长这几天估计很郁闷。

他是中国国际贸易促进委员会汽车分会会长，是北京车展主办单位负责人，这些天，全国大大小小的媒体上，充满了对北京车展的调侃、抱怨、批评，甚至是斥骂。

从参展规模角度而言，北京车展无疑已经可以傲视全球了，但是北京车展离一个真正高水平车展的距离，大约不比北京金隅和洛杉矶湖人之间的距离更小。

不同车展，有不同的衡量标准，比如对于正在举行的“五一”白云国际车展这样一个展销会而言，人气够旺，成交够多，就是好车展。但是对于定位国际 A 级车展的北京车展，就不能用这样的标准来衡量，参展水平、服务水平、硬件水平，特别是媒体参与的程度，是比规模更重要的衡量标准。

汽车行业希望通过北京车展展示形象和实力，外界希望通过北京车展了解汽车行业发展现状和趋势。能去现场的观众毕竟有限，厂家不惜成本参加北京车展，当然不希望自己展示的东西只有北京观众才能看到，所以媒体就很受重视，所以国际车展都要专门设立媒体日，所以媒体日是不能卖票的，因为媒体去车展，不只是看看，还要干活。

作为一个汽车记者，在日内瓦、巴黎、底特律、东京、法兰克福，我都感受过得到这种重视——不是来自汽车厂家，而是来自车展组委会。在国内，汽车记者们也同样大约从来没有像国际车展期间那么受重视，可惜，不是来自车展组委会，而只是来自汽车厂家。

据说北京车展也是有媒体中心的，可是2008年北京车展第一次启用天竺新馆，我进出展馆数次，问了很多个保安，硬是没有找到媒体中心，2010年和2012年我就放弃寻找了，因为找到估计意义也不大，除了能领一个赞助商提供的背包。

也不能借此就说明北京车展主办方对媒体不重视。你看，网上申请媒体证，要求不是很严吗？又是身份证，又是记者证，申请A证还要提供照片，听说资格审查比签证还严，所以我都没敢申请A证。严格的资格审查，我是认同的，因为这是为了保持媒体日良好的工作环境。可是，北京车展媒体日，人头依然汹涌，于是感叹，不愧是北京啊，媒体阵容就是庞大！可是不对，仔细一看，怎么老幼妇孺、司厅局处，什么人都有啊？以前以为这些闲杂人等都是保安临时工们私自放进来的，可是今年好像淘宝上已经公开卖媒体日的进场证了，据说有些被“拒签”的媒体朋友，后来都是花两百块钱在淘宝上办的证。

不得不说，有些媒体朋友不大懂事，不能体谅别人在首都办一场大型国际车展的难处，尽拿些吃喝拉撒之类的小事抱怨个没完，什么上厕所排队啊、馆内太热啊、交通太堵啊、无处停车啊，等等。你们要时刻记住自己是个记者，不是VIP，想想吧，你去采访地震或海啸灾区，也会抱怨这些困难吗？

不要总是拿什么日内瓦、巴黎来和北京比。有记者现场办证的时候和工作人员发生龃龉，车展工作人员说得非常好：“记者？谁稀罕，你们爱来不来！”

兄弟们，清醒一点吧，提高认识，多开展自我批评，我发现，北京车展其实还是挺好的。就是回来以后发现没什么真正值得写的。今年从日内瓦车展回来，我写了篇《十大PK》的专题报道，原本这次也想如法炮制，可是，什么PK什么呢？

2012-4-30

怕死别上高速

“五一”当天，我在机场高速正常行驶，前面的天籁车突然一个急刹，然后……竟然停住了！在高速公路的快车道上！！不走了！！！

原来，他错过了出口，没有提前并到右道，于是就在最左侧的快车道急刹停下，打起右灯，准备横穿整条高速公路——的确是横穿啊。说实话，这种情况也不是头一次遇到了，还好我的速度不快，而且提早收了油，但是刹停之后，我的车还是已经快挨着天籁的屁股了。

既然停住了，就赶紧变过道去吧——好在当时车并不算多，可是这会儿那辆车胆子又小了，右灯闪了一两分钟，车子还是没挪窝！我这个惊啊，如果后面来个超载大货车刹不住……，无奈之下只有倒一把车，变到中间车道，走了。那辆天籁还停在快车道上，还闪着右灯……

高速上错过路口的情况，说实话谁都难免。但是错过了就错过了，下一个路口再出，掉个头重新折回来，顶多多花 10 元钱路费，多走 20 公里，也就 10 分钟的事儿。最忌的就是这种高速突然刹车，然后横穿整条高速——哪怕先正常变到右侧路肩，再慢慢倒回来，也比在快车道上急刹停车安全得多。那辆天籁里，坐了好几口人，貌似一家老小。好在后面跟着的是我，而且当时路上车少。如果后面跟着一辆大货或者大巴，再或者路上车很多，则后果不堪设想！对这位司机，我除了佩服还能怎么样呢？一家老小啊，这是多么的大无畏啊！

我把此事在微博上发了一下，很快就被转发了169次，评论56条。看来，很多人都遇到过类似情况，也都对类似害人害己的行为深恶痛绝。大家的痛恨是有道理的，你固然大无畏，但别人还是热爱生命的。

5月3日凌晨，沈海高速福建漳州段一辆长途客车冲下高速，5死11伤（其中4人重伤）。而事故原因，就是因为一辆夏利轿车抛锚横在车道上，大巴为了躲避，一边急刹车，一边猛打方向盘，导致大巴失控冲出高速公路。

不久前，网上一个视频被广为转发：一辆标致轿车在高速公路快车道上疾驰，也是发现眼看要错过出口，突然变线，结果被中间车道上正常行驶的劳斯莱斯撞飞！

我们的公路，几乎是全世界事故最多发的公路。据广东省政府副秘书长林英介绍，4月份以来，广东省共发生道路交通事故1899宗，死亡429人，受伤2076人——这还是不完全统计！车祸如此高发，原因并不是车速太快，国内很多高速公路平均车速都已经低得有些不像话了。比如广深高速，限速120公里/小时，但实际上你很难把车速稳定在100公里/小时以上。真正的原因在于很多司机脑袋里根本没有安全这根弦，快车道上敢停车，高速路上敢倒车，抛锚了，不做任何警示，或者警示标志就放在离车5米远的地方！

5月3日，国务院安委办召开加强道路交通安全工作视频会议，部署进一步加强道路交通安全工作的措施。我想，遇到那辆天籁车一样的司机，什么样的措施都是无效的。那么这种道路交通状况是不是就真的无法治理呢？倒也不见得。酒驾是怎么治好的？就是严打，要拘留，要入刑。高速公路上严重危害他人生命安全的各种违法行为，危害不比酒驾小，所以打击也应该和酒驾一样严。

2012-5-7

58

开车睡觉

对“青岛小林”来说，有一个好消息和一个坏消息。

好消息是，谷歌开发的无人驾驶汽车口前获得美国内华达州汽车管理部门签发的驾驶许可证，能上路了。

坏消息是，这辆车上路时车内必须有两人：一个坐在方向盘前，一个监控行驶状况，一旦出现问题需立即切换到人工驾驶模式。

看来，“青岛小林”开车累了就切换到自动驾驶模式，然后放心睡上一觉”的愿望，短期内还是难以实现。

据“潍坊公安马江涛”的微博报料，“青岛小林”新买了辆别克轿车，他一直以为“自动巡航”等于“无人驾驶”，一次开车时间长了，觉得很累，便按下“自动巡航”按钮，然后放心大胆地睡了。等他睁眼，车子已撞断路边护栏冲下深沟——小林很幸运，只是车子报废了，人无大碍。

看来无人驾驶功能还是有市场需求的，斯坦福教授、谷歌副总裁 Sebastian Thrun 先生主导开发的无人驾驶技术，并不是完全因为闲得无事可做。

美国第一辆上路的无人驾驶汽车是由谷歌而不是由美国三大汽车公司开发的，这一点都不令人奇怪。因为通用、福特、克莱斯勒们有更迫切的现实需要面对。它们正忙于研发更加高效的变速器和发动机，并且全力争取在产品可靠性上更接近日本竞争对手一点，然后，还有点时间和精力的话，还要想想混合动力或者氢燃料电池方面的商业化路径。

无人驾驶？还是让谷歌或者苹果去折腾吧。

虽然内华达州机动车辆管理局为谷歌的无人驾驶汽车发了牌照，但是他们还是不能完全打消顾虑，所以该车牌照被刷成红色，以为警示，大约是“此车生猛，请勿接近”的意思。尽管美国的道路设施完善，行人和司机都很守交通规则，但是去年谷歌的无人驾驶汽车在测试时仍然发生了撞车。

环球自动导航系统、温度敏感测试反应系统、车顶旋转激光扫描器、雷达传感器、激光定位……，谷歌的这辆无人驾驶汽车高度智能化，但是，即使再智能一倍，拿到中国来，也要歇菜。上下班高峰，你让它过广州大桥试试，系统非崩溃不可；让它到中大对面的瑞康路无人驾驶试试，估计它永远也无法通过这条横贯中人布市的短短的马路。上了高速路，情况会好点吗？估计它的系统可能崩溃得更快，因为行车道上的前车会突然停下，而后面随时会有一辆因超载而刹不住的大卡车。

作为一种科学研究，无人驾驶系统的开发很有意义，但是真的上路，甚至真的商品化，我觉得还是算了吧——人至于懒到这个地步？

其实，现在的车上，技术含量貌似很高、实用价值实际不大的各种配置已经不少，比如无匙启动——拧一下钥匙很费劲吗？不用拧的钥匙，实际上还会造成困扰，比如下车了，却找不到钥匙放哪了。我曾经有过一次难忘的经历：开着朋友的车去机场，我在机场下车，朋友开车回家，过了安检一摸裤兜，发现智能的车钥匙还在我兜里。

最近上市的两款新车，都有语音控制功能，虽然只能控制一下音响、导航什么的，还是颇令人新奇，可是试来试去，得到最多的回复是“对不起，没有听清，请重复”。

我的智能手机，大约有70%的功能是闲置的，我不希望汽车将来也搞成这样。无人驾驶？真要懒得开车，你坐飞机、坐高铁、坐大巴去吧，都可以踏踏实实地睡觉。

2012-5-14

慷别人之慨

国家又送大礼了！5月16日国务院会议讨论通过《国家基本公共服务体系"十二五"规划》，明确"十二五"时期安排60亿元支持推广1.6升及以下排量的节能汽车。

这对于目前疲软的车市，特别是表现低迷的本土品牌，的确是一剂强心针。消息一出，汽车板块上市公司股价普涨，第二天，一汽夏利上涨5.82%，一汽轿车上涨5.43%，比亚迪上涨4.02%。

但是，为什么要给买车的人发补贴？无论如何，在目前的中国，买得起车的——即使是1.6升以下的小排量汽车，也不能算是穷人，仍然是相对意义上的有钱人，那么拿国家的钱补贴买得起车的有钱人，是不是有失公平？

为了拉动消费，刺激内需？这我同意，可是，那干嘛不从源头上入手？比如减税——我觉得把个税起征点降低一点，比给买车的人一次性补贴个3000元钱更好，也更公平；比如改善汽车消费环境——我们在车辆使用环节的各种收费太多了，现在很多人不买车，不是因为买不起，而是因为用不起。放着这么多好办法不用，却直接给买车的人发补贴，我觉得，这有点慷别人之慨的意思。

补贴对象为什么是1.6升以下？小排量就一定环保？有关部门也早就认识到不一定了，于是去年把享受补贴的油耗标准从6.9升提高到6.3升。可是问题来了，这一提高，受益对象主要变成了洋品牌，大众和通用的合资车型成了这一政策的最大受益者。用国家的钱，补贴合资厂的车，这与政策的初衷恐怕有些相左吧？

虽然我也勉强算是半个汽车行业从业者，但是我是坚决反对对买车进行任何形式补贴的——即使是对纯电动车。道理很简单，在中国，买车的是相对富裕的群体，那么多人上不起学、看不起病、吃不起肉、用不起电——电价马上就要以阶梯电价的形式单边上涨了，你不去补贴，却去补贴那些买车的人！

我赞成改善用车环境。一面在大城市限牌限购，另一面又给买车的人发补贴，车卖到哪里去？都去三线四线？问题是，三线四线的用车环境就很好吗？很多县城现在车也堵得厉害了！

我也赞成鼓励本土品牌。但是，对本土品牌最好的鼓励不是发补贴。以节能名义发放的补贴，你不能说仅限本土品牌，这有违WTO游戏规则，不是授人以柄吗？最好的办法就是领导干部——包括国有企事业单位的领导干部，带头乘坐和驾驶本土品牌的汽车。公务车辆采购限定本土品牌，这是到哪里都不怕质疑的“明规则”。年初，工信部公布了一个公务车采购目录，里面全是本土品牌，让大家好一阵高兴。可是结果，我们又被告知“领导配车不在此列”！哪一级领导不算领导？这不扯吗？

2012-5-21

雷瑟夫的审慎

华晨宝马新工厂的开业，使宝马在华产能翻了一番，今年将达到20万辆，很快可以提升到30万辆，两个工厂最终产能将能达到40万辆。但是，中国很多媒体依然觉得这个产能设计还是保守，辽宁的省长也同样对这个产能不满足，希望华晨宝马将来把产能提到70万辆、90万辆。

但是，宝马董事长雷瑟夫的态度很坚定，他说，宝马的原则之一是产能永远要稍微比市场需求低一点。这是宝马从无数的市场实践中总结出来的金科玉律。在雷瑟夫看来，没有一个市场是不复杂的，世界上没有一个可以永远增长的市场。波动，甚至是不可思议的波动，才是真实的市场。他举例说，2007年宝马在西班牙的销量超过7万辆，但是现在只有当时的一半。面对无法预知的市场，与其豪赌，不如选择审慎。

过去的十年，中国汽车市场似乎印证了就是应该豪赌，但是，既然中国过去的高增长出乎所有人的预料，那么未来市场的突然变化，也同样可能出人预料。2009年以前，大家总是低估中国车市的潜力，之后，大家又走到另一个极端，以为中国车市是一个永远挖不完的金矿。

在豪迈地登上1800万辆、跃居全球第一大汽车市场之后，中国车市增长乏力，连续两年都没有如行业预料的那样跨越2000万辆销量大关。特别是今年，中国车市突然变得疲软起来，不仅普通品牌持续低迷，连一贯爆发式增长的豪华品牌日子也颇不好过。虽然销量增幅还是很迷人，但是终端价格体系已经几近崩溃。以前只听说过一些本土品牌经销商亏损、退网，今年，居然连一些豪华品牌的4S店也开始出现亏本卖车，而某主流日系合资厂的4S店也居然传出退网的消息！

我不认为这单纯是个别品牌的经营出现了问题，而是整个行业对车市的复杂性预计不够，该买的单，始终是要买的。J. D. POWER不久前的一份报告显示，2011年国内处于盈利状态的汽车经销商仅占63%，2010年这一比例还是81%。2012，应该是中国车市的一个转型年，高增长已经是过去时，从此，车市上演的是残酷的份额大战。

汽车行业最大的浪费是什么？一曰导入错误的车型，二曰产能过剩。现在，在中国的汽车行业，这两点已经相当突出，目前国内市场上在售的车型居然超过500个！市场已经开始增长乏力，但是新工厂却四处开花，很多厂家已经不是二厂三厂，已经是五厂六厂！据预测，到2015年，全国整车产能就将超过4000万辆！毕马威发布的一个报告显示，2011年中国汽车闲置产能高达600万辆，预计到2016年，闲置产能还将上升至900万辆！

中国车市不太可能按照很多人设计的那样，奔着4000万辆而去；目前的宏观经济形势也相当严峻，我想，中国汽车行业是时候冷静一下了，认真思考思考雷瑟夫的审慎是否有其道理。

2012-5-28

61

绝对的安全是不存在的

深圳“5·26”事件迅速成为近期社会热点，一起单纯的交通意外——虽然比较严重，但是伤亡更大的交通意外还很多——引起那么广泛的关注。原因大约不外乎两点：一是肇事跑车司机有巨大的顶包嫌疑，二是牵扯到电动车的安全问题。

虽然深圳警方已经对外宣布，肇事司机侯某“没有顶包”。但是，对于外界诸多质疑，在没有给出合理解释的前提下，警方的这个结论，显然难以令人信服。比如，侯某到底是建筑工人，还是汽修工人，车主的日产GTR跑车怎么会给侯某在深夜驾驶？监控录像为什么不完整？肇事司机现场逃逸，过了7个小时才去“自首”，要知道，7个小时，对于神通广大的人来说，足够做很多事情了；而7个小时之后，侯某的血液酒精浓度居然还超过了100毫克(80毫克就是醉驾)，那么如果当时测试，酒精浓度要高到什么程度？这一切都令人费解。更关键的是，事发路段那么多交通监控设施，那一刻居然全都失灵，这也未免太巧合了。在外界的强烈质疑下，警方最终公布了DNA检测结果，算是堵住了顶包论者的嘴。

这起车祸很容易让人联想起不久前新加坡的那起法拉利肇事案，都是正常行驶的车辆被严重违法的跑车撞击，致人无辜死亡。其实，之前的交通肇事案件中，顶包的事情应该不少，大家为什么对侯某是否顶包如此关注？因为这不是单纯的交通意外，而是一起严重的危害公共安全的犯罪！出租车内坐的可能是他，可能是你，可能是我们任何一个人！所以大家要求真凶一定要得到严惩。在顶包论尘埃落定的时候，我想有关部门应该认真考虑一下，如何加大对类似严重危害公共安全的驾驶行为的打击力度。

关于比亚迪 E6 的安全问题，我的态度很简单：安全一直是电动车需要面对的一个问题，但是不能用深圳“5·26”事件作为讨论的依据，因为事件太极端。

肇事 GTR 跑车的速度，目前统一的说法是超过 180 公里/小时，对于任何车辆来说，这种速度都是致命的。普通车辆的碰撞测试，速度都是 50 公里/小时或 64 公里/小时，没有机构会做 100 公里/小时以上的测试，因为那种测试没有意义，任何车都只有一个结果——车毁人亡。

我一直是给鼓吹纯电动车泼冷水的，在电动车最热的2010 年，我写过《电动车的十大障碍》。在那篇文章里，我把安全问题排在第七位，对电动车而言，成本和续航里程才是最主要的挑战。安全，实际上在很大程度上已经得到解决，比如日产聆风和雪佛兰 VOLT 在美国和欧洲的碰撞测试中，都拿到了最高的 5 星评级；VOLVO 的纯电动车在公司内部测试中，也完全达到了与普通车相同的最高安全标准。

电动车的安全需要重视，但是安全都是相对的，不存在绝对的安全。普通汽车在严重撞击中起火燃烧的例子还少吗？我们不能用高于普通汽车的安全标准去要求电动车，所以用“5·26”事件作为讨论电动车安全的依据，不是科学的态度。

2012-6-4

飙车应该入刑

“5·26”事件之后，听说深圳交警已经开始组织实施对飙车行为的严打行动。规定6种飙车行为可入罪，并对飙车违法行为作出了明确规定：在高速公路上时速超过180公里、在城市快速路上时速超过160公里、在其他城市道路上时速超过100公里的，即被认定为飙车。

2008年年底，孙伟铭在成都闹市区醉驾撞死多人，引起广泛关注，最终，孙伟铭被一审判处死缓，终审判处无期徒刑。孙伟铭案也直接导致了全国范围内对酒驾的严厉打击，“酒驾入刑”逐渐深入人心，酒驾违法行为锐减。

我们希望，“5·26”事件这样的惨剧不要重现，但是，现实却是无情的，就在事发后不久，广州也发生了类似的市区飙车肇事案件。同样是深夜，同样是市区道路，同样是高速飙车，同样是连撞两辆的士，这回肇事的是一辆宝马X5，而身死的是肇事车辆的乘员。几天前，限速120公里/小时的杭金衢高速公路，一辆法拉利飙到229公里/小时！

深圳警方的行动是及时的，飙车，已经严重危害到他人的生命安全，公众对“5·26”这样一起交通事故给予如此之多的关注，原因也在于此。我们希望和成都孙伟铭案成为“醉驾入刑”的起点一样，深圳“5·26”事件能成为

"飙车入刑"的起点。对那些罔顾他人生命安全，爱在公路上飙车的人而言，一般的罚款——即使金额再高，也已经缺乏威慑力了。

但是，我们希望"治飙行动"不能仅限深圳一地，应该全国统一行动；也不应该只是突击式的打击——深圳交警此次"严打行动"好像截至年底，那么明年呢？又可以继续飙？

在此，也想对那些喜欢飙车的人说一句，买了豪车，忍不住飙一把，可以理解，但是拜托不要在公路上飙，找个小型赛道玩几圈，费用也不太贵。我也知道你的技术很好，不飙车就手痒，可是开车是件危险的事，任何时候都不要对自己的驾驶技术过度自信，舒马赫一样会失控，赛纳也免不了葬身赛道。就算你技术比舒马赫还牛，可是公路上还有很多普通司机，人家技术可能很一般，到时候，不是不想让，是躲都躲不了！像前不久广州大道那起车祸中的宝马 X5 一样，为图几秒钟快感，落得个车毁人亡的下场，何必呢？

2012-6-11

国际笑话

“凯美瑞混合动力版市区油耗百公里 3.3 升”，网友在微博上贴出工信部的图来，我还是不信，亲自上工信部网站查询，赫然显示“市区工况 3.3 升/100 公里，市郊工况 6.5 升/100 公里，综合工况 5.3 升/100 公里”！

工信部的这个数据说明混合动力凯美瑞市区工况比丰田普锐斯还省油——同样是工信部的数据，丰田普锐斯市区工况油耗是 4.3 升！而且，还说明混合动力凯美瑞是一部“越堵越省油”的神车！

这两个结论都是国际笑话。

同样都是丰田旗下的强混车型，A 级的普锐斯，无论在哪种工况下，油耗都只会比 B 级的混合动力凯美瑞更低。而“越堵越省油”的结论更是打破了能量守恒定律，中国工信部凭此发现，拿个诺贝尔奖大约不在话下。

学过初中物理的人都知道，在同样条件下，运动物体在什么情况下需要克服的外力最小？匀速直线运动。所以，任何车辆都是在经济速度下匀速行驶时能耗最低（不同车有不同的经济速度，一般是 50 公里/小时 ~ 80 公里/小时）。首先，堵车时因为走走停停，不断加速减速，车辆要消耗很多能量来克服惯性力做功；其次，市区行驶，平均车速一般也就 30 公里/小时，在这种工况下，发动机的热效率也很低，因此，任何车辆在交通不畅的情况下，百公里油耗都比交通顺畅时更大，混合动力车和纯电动车也不例外。比如日产的纯电动车聆风，厂家宣称的一次充电续航里程是160公里，前提就是以经济速度匀速行驶，在实际使用中，如果交通不畅，百公里耗电大增，实际续航里程会降低到只有110公里。

混合动力省油的本质是通过电机的介入，减少内燃机的不良工况时间(比如怠速、起步、低速、加速等)，在市区，这种改善比较明显，因此准确的表达应该是，混合动力车在市区节油效果更加明显，而绝非“越堵越省油”。

我手头恰好有厂家提供的上一代混合动力凯美瑞“车辆一致性证书”，上面显示的百公里油耗数据是："市区6.7升、市郊5.1升、综合6升”。这个数据和我平时实际驾驶情况是吻合的，是比较科学的数据。当然，新款混合动力凯美瑞燃油经济性比上代有所提升，但是，原理不会改变，“市区3.3升、市郊6.5升”的情况是绝对不会发生的。

不过，对于工信部的权威，我是不怀疑的，人家“工信部的市区工况”可能和我们理解的不太一样，比如人家可能指的是“市区下坡路”，或者测试路段仅限2公里——如果电池恰好是满的，那么混合动力凯美瑞是可以在EV模式下行驶2公里的——那么还好，工信部没有说混合动力凯美瑞市区油耗是零，可见还是非常严谨和科学的。

偶然在某网站上看到一篇介绍混合动力凯美瑞的“文章”，煞有介事地说“笔者最近测试了凯美瑞尊瑞在市区的循环油耗……行驶距离1.013公里，行驶时间195秒，平均车速19公里/小时，通过记录得知尊瑞油耗仅为100公里3.3升。”果不其然，3.3升的神奇油耗原来是这么测出来的！厂家真没见识，如果请我去，1公里的路程，我相当有自信能开出零升的油耗来！网上的这篇文章注明了是“厂家供稿”，看来，工信部的油耗原来也是厂家所供，这个“国际笑话”原来乃厂家和工信部合资自主开发。

2012-6-18

动口？动手？

虽然时间已经过去了超过十年，但是当初在上海浦东香格里拉饭店里的一幕，我还是记忆犹新——通用汽车在那里发布了一款可以用声音操控的概念车，一拍巴掌，车辆就会启动，一说HELLO，车门就会打开……

语音控制，并不是什么新奇玩意儿，但是迄今为止，至少在汽车领域，它还只是个“玩意儿”。十多年过去了，声音操控在汽车领域有什么实质性的进展呢？我并不认为原因在于声控技术本身进展得太慢，问题的实质是，这些功能真的需要通过声音来控制吗？开一下车门，伸伸手的事儿，有必要声控吗？选个电台，本来旋下旋钮的事，现在，我还要先组织一下语言……

苹果决定在汽车上载入的SIRI智能语音助手，能帮我们做什么呢？导航？现在的车载GPS已经做得很好；娱乐？作为一个非典型司机，我很难理解，为什么一个人在开车的时候，会有那么多娱乐需求——也许是我技术不佳，对我而言，无论在城市，还是在高速，开车都是件需要集中注意力的事情。

越来越多的功能被创造出来，但是，我们实际上并不真正需要。现有的汽车上，这样的功能已经很多，比如后排娱乐影音系统、车载免提电话、座椅位置记忆功能等。

作为噱头没有问题，但是这些东西从来都不会真正成为一辆车的卖点。消费者在买车时，首先考虑的要么是安全，要么是油耗，要么是操控，当然还有设计。SIRI？我的手机上原来竟然也有！试着玩了一下，可是问点儿什么呢？“怎么去火车站？”我问，手机让我稍候，然后它建议我去 WEB 上搜索答案！随便又问了几个问题，不是毫无结果，就是结果非常无厘头。嗯？我的发音不够标准吗？还是算了——对着一个机器说话，那种感觉总是很奇怪。

有人将汽车行业和 IT 行业对比，批评汽车行业缺乏创新，我认为这是不公平的。美国有一则笑话：两位工程师相遇，硅谷的工程师批评底特律的工程师说，如果我们 IT 业和你们汽车业一样，现在大家还在用砖头那么大的手机呢；底特律的工程师反驳说，如果我们和你们一样，那么现在我们该下车，然后重新启动系统了。

在好玩程度上，不比苹果 SIRI 智能语音助手逊色的创意，汽车行业并不缺乏，只不过在真正推向市场的时候，这些创意，要么基于安全、要么基于成本考虑，给忽略了。

其实，不仅汽车，凡和人类衣食住行这样基本需求相关的行业，看起来都创新不足。我们吃的面条并不比几百年前有很大差别——这点在国内我不是很有信心，我们在食品领域的发明创新太层出不穷了，不仅发明了地沟油，甚至还发明了皮鞋的若干种食用方法；和过去相比，我们住的房子似乎也没有多么智能，可以随心情不同自动改变颜色……

汽车作为交通工具，其第一属性永远是快捷、安全地实现从 A 点到 B 点。安全、环保、节能才是现代汽车永恒的追求，汽车也许会集成越来越多的信息技术，但是，汽车永远也不会变成一个创意产业的开发平台，或者移动办公空间什么的。所以，苹果智能语音助手 SIRI 要载入汽车，我的看法是，它会成为一个很有意思的玩意儿，很有噱头。我不同意苹果联合创始人史蒂夫·沃兹尼亚克对它的批评，说它简直就是大便，但是它能改变的的确也不会太多——可能会像现在的车载蓝牙电话，成为很多车的标配，但是被用到的概率不高。

2012-6-25

加油，国家队！

2012 年“车天下国家队”第二批队员，分别是奇瑞新东方之子、比亚迪G6、长安逸动、上汽 MG5 和帝豪 EC7。其中，除了帝豪 EC7 外，都是今年才推出的新车。还没有试，五款车放在一起，我们邀请的读者代表就感叹：“都是本土品牌的汽车吗？看起来不错啊！”

我了解他们发出这种感叹的原因，在他们心目中，本土汽车品牌应该都是“矮穷矬”，怎么一个个都“高富帅”了？特别是看了配置、了解了价格之后，他们更加惊讶“性价比很高啊！”

士别三日当刮目相看，本土汽车品牌经过多年的努力，早已不是昔日的寒碜模样，但是，非常可惜，在很多消费者心目中，本土汽车品牌的形象并没有随着本土品牌产品一起同步改善。

还记得几年前，第一次组织“车天下国家队”实车测试，虽然已经代表了本土品牌汽车的最高水准，但是我们不得不努力去寻找这些车的优点，现在，我们需要努力去寻找这些车的缺点。

五款车里，我最欣赏的是长安逸动，从细节做工、造型设计，到操控性能都无可挑剔，连本土品牌车型最普遍的毛病——车内气味，也都不再那么明显，起码不比某些合资车更严重了。

这些车，已经是本土汽车品牌的高端车型，但是价格不过 10 万元上下，比亚迪 G6 的高配置、MG5 的时尚设计、逸动的整体性能、帝豪的安全、东方之子的空间，都给参与试驾的人留下了深刻的印象。

“真是不错！”几乎试完每款车之后，我都会由衷感慨。“可是也不见你们媒体买！”现场经销商朋友的话，让我无法回答，愧怍顿生。是啊，我们自己都不买，凭什么忽悠别人买呢？可是，消费者买车，有几个是单纯只看产品的？品质、品牌、服务，一个都不能少，面子，也是客观因素嘛。那么，我只能说，本土汽车品牌还需要加油！汽车国家队，还需要加油！

像逸动这样的车，这样的价格，一个月只卖 2000 辆出头，而同级合资车，一个月卖 2 万辆的有好几款！厂家不能完全怪消费者崇洋媚外，更应该反思哪里还做得不够；像东方之子和帝豪 EC8 这样的车，销量也始终不理想，厂家也应该反思，搞 B 级车，目前的品牌是否足以支撑？当下，是不是更应该集中有限的资源，先把 A 级车做好？

2012-7-2

限购不如限用

6月30日的晚上，对广州的汽车经销商来说，是个不眠之夜，“明起限购”的消息来得太突然了！但实际上，也并不算突然。

说其突然，是因为事前一点风声都没有；说其并不突然，是因为中国的特大型城市，“限车”乃是必然——2010年年底北京限牌的时候，我就说过这句话，所不同者，限法耳。

经过十年井喷式发展，中国已经成为世界新车销量第一大国，新车年销量两年前就超过了1800万辆！特别是在2008年金融危机背景下，所有人都以为2009年中国车市会陷入低迷，结果，2009年中国车市却井喷得最厉害。这一下把很多人喷晕了，思想也都解放了，对中国汽车年销量峰值的预测，一个比一个大胆，3000万辆、4000万辆，甚至还有人把卫星放到了7500万辆。

这些预测也不能说完全没有道理：车市和宏观经济同步，保持10%的年增长率，用不了10年就能超过4000万辆；按照国际千人保有量平均水平，7500万辆也是完全有可能的！这些企业大佬、诺奖经济学家，即使信口也不是完全没有依据的——依据充分得你都无法辩驳。

可是，别忘了，市场还受社会资源刚性边界的制约。环保、能源、道路、空间、人口，这些制约因素，都是刚性的。上海、北京为什么限牌？广州为什么在犹豫了这么久之后，还是决定限牌？政策约束的实质是社会资源刚性制约的一种反映。否则，你以为地方政府真是吃饱了撑的，汽车工业对北京、上海、广州可都是支柱产业！

我并不是在为政府的限购行为背书，相反，我是坚决反对限牌或者限购的，因为这么做，不仅是对市场的粗暴干涉，而且不公平。比较起来，“限用”才是更有效、更公平，也更容易被大家接受的做法。很不幸，广州限牌已经是既定事实，那么我希望——不是说出于交通和环保考虑么——一定不要搞车牌拍卖，以授人“政府实为捞钱”的口实。摇号或者排号，办法虽然笨一点，但起码比较公平。

香港、巴黎、伦敦、罗马、纽约、东京，实质上也在限，但人家都是限用，而没有简单限购。限车的原因无非是堵车，而堵车的无非是市中心，那么，你大可以买车，但是，对不起，轻易请不要开到市中心来。比如香港，一般人谁会没事开车去中环？比如纽约或东京，你开车去曼哈顿或银座试试，一年的停车费就够买一辆奥迪的！

我赞成限用，但这是有前提的。比如，你应该首先把公交系统完善一下，地铁不说像东京和香港那么便捷，起码站点也要像北京和上海那么密集；再比如，你把私家车限了，那么大量的公车呢？北京限牌那阵子，广东省前省长黄华华的“广东不限私车限公车”的表态赢得多么热烈的掌声啊。可是，私车终于还是被限了，而公车只是被装上了 GPS。

2012-7-9

规划？愿景？

汉语中“规划”到底是什么意思？我原本以为自己是确切知道这个词的意思的，可后来逐渐困惑了，这并非我读的不是中文系的缘故，因为，虽然读的不是文科，但是各种字典、词典，我倒是从小就会查的。

词典上写得非常明了——规划者，全面而长远的发展计划。那么“计划”又做何解？继续查，计划者，预先拟定的工作内容、步骤和方法。词典上是这么说的，我暗忖，大约也不一定就非常准确吧，否则，《节能与新能源汽车产业发展规划(2012～2020年)》(以下简称《规划》)这个东西，我就不太好理解，要知道，这可是国务院正式讨论通过的！

如果按照词典的解释，那么这个规划，除了一系列目标之外——到2015年，纯电动汽车和插电式混合动力汽车累计产销力争达到50万辆，到2020年纯电动和插电式混合动力汽车产能达200万辆、累计产销超过500万辆——更应该有如何完成这些目标的具体做法。可是，和清晰明确的目标相比，《规划》中，关于办法的部分就非常的语焉不详，除了财政补贴——这已经被证明，在电动汽车突破自身技术瓶颈之前，不会起什么效果，看起来唯一比较靠谱的就是“各限购的地方政府对新能源车要区别对待”——可惜也只是“希望”。

连工信部副部长苏波也承认，要实现《规划》提出的目标，“难度很大”，个别目标是“难度极大”，按照词典的说法，规划与计划之不同，在于长远、全面，但是，此次规划的目标，相比2009年出台的新能源产业振兴规划就已经有相当大调整，2009年的规划要求，到2011年就要形成50万辆纯电动、插电式混合动力和普通混合动力汽车产能，新能源汽车销量要占乘用车销量5%左右——现在可以算出来了，也就是近70万辆。最终的现实却是，2011年全国销售新能源汽车仅8159辆；根据中汽协之前公布的数据，今年一季度，全国销售新能源汽车仅10 202辆，其中纯电动汽车1830辆，混合动力汽车1499辆，代用燃料汽车6873辆。

鉴于《规划》的权威性、严肃性，我认为，一定是词典搞错了，这种状况已经不止一次发生，比如到底是“树荫”还是“树阴”，到底是“好像”还是“好象”，到底是“得意洋洋”还是“得意扬扬”，词典界不也一直摇摆不定吗?

根据《节能与新能源汽车产业发展规划》这个实例，我想，汉语中“规划”的确切意思应该是“对未来全面而认真的想象”，词义比较接近的常用词是“愿景”，有人和我辩论认为应该是“吹牛”，这我不能同意，后者没有主观上实现之的愿望，我想，制订规划的人，无论如何，主观上还是非常希望能实现上述目标的。所以，《节能与新能源汽车产业发展规划(2012～2020年)》也可以写成《节能与新能源汽车产业发展愿景(2012～2020年)》。如此一来，大家因《规划》而生的很多困惑，是不是就都迎刃而解了?

以上，兼答若干同行就《规划》对我的提问。

2012-7-16

扶得起　站不住

“广州发展新能源汽车，与这次限牌政策要分开。新能源汽车不一定能享受‘特权’，因为限牌的目的是对汽车总量的调控，如果开口太多，新能源汽车不受限牌限制，将来广州汽车总量调控不一定成功。”

广州常务副市长陈如桂日前的这一番表态，大约给不少人又是兜头一盆冷水。广州限购对汽车行业的心理打击已经够沉重的了，后来，大家又从“新能源汽车不限购”的传言中依稀看到点希望，现在，这个希望也破灭了。

可是，这原本就是个渺茫的希望。即使不限购，纯电动、插电式混合动力和燃料电池三类所谓的新能源汽车，就真的很快会满大街跑起来吗？刚刚公布的新能源车产业规划里，被外媒认为除非发生奇迹，否则不可能的雄心勃勃的目标，就会顺利实现吗？

前提为假，可以得出任何荒谬的结论，所以，我不能说一定会如何，但是，国家明明准备了50亿元的新能源汽车购车补贴，结果只发出去1亿元却是事实，这已经强有力地说明，产业规划所圈定的几类新能源汽车的现实竞争力。

广州突如其来的限购，让很多人非常不满，中国汽车工业协会秘书长董扬不仅公开表示坚决反对，还给扣上了一顶“与当前中央稳增长政策不符”的大帽子。现在，广州又宣布，新能源汽车也未必能豁免，想必中汽协又应该要起草讨广州的檄文了吧。

可是，作为汽车行业相关从业者，我虽然对限购有一些看法(窃以为限制使用可能更好)，但是，我同样认为，既然已经限购了，那么就应该一视同仁，不能对任何车搞特殊化。

汽车行业的人其实也大不必对此失望，因为新能源汽车发展不发展得起来，最终取决于新能源汽车本身能否为市场所接受，是否较之传统汽车更有综合优势，而非能享受到何种特殊的关照。

以我鄙陋的认识，历史上似乎没有什么行业是能靠优惠政策而最终发展起来的，当初本茨、福特们，在和马车竞争时，何尝享受到了什么扶持政策？汽车之所以能最终取代马车，根本在于汽车较之马车的全方位优势，以及亨利·福特发明了流水线生产方式，大大降低了汽车成本，否则，汽车始终也不过是大款和贵族们奇技淫巧的玩物。

目前看来，与传统汽车相比，新能源汽车并不具备商品竞争力，这是新能源汽车发展不起来的根本原因，即使北京广州对新能源汽车不限购，我也不认为聆风、VOLT、E6 这类车会很快在中国流行起来——我就不会买一辆不能出城的车，也不会花 50 万元买一辆 A 级车，相信大多数消费者和我的态度是一致的。

相反，混合动力车，虽然因为没有被列入国家新能源汽车目录，而没有享受到什么关照，买车既无补贴，连车船税也没有减免，但是因为其性价比与普通汽车已经具有可比优势，混合动力车在美日等多个市场已经进入快速发展阶段，在国内，我的看法是，也已经领了卡，就要驶上高速路的匝道了。

所以，要发展新能源汽车，不要成天把希望寄托在各种补贴、各种扶持、各种特惠政策上，自身没有竞争力，即使扶得起，也最终站不住。

2012-7-23

自救不要总在落水后

城里一场大雨，居然多人溺死，我这个从小见惯了洪水的农村人，实在是有些难以理解：城市里的水浸，哪怕再严重，也不像农村的山洪，让人完全来不及反应。

北京市防汛抗旱指挥部对外通报：截至26日晚，北京区域内“7·21”特大自然灾害遇难人员已升至77人，其中66名遇难者身份已经确认，除抢险救援中因公殉职的5人外，其他的61名遇难者中，有11名系驾车溺亡。

驾车在马路上淹死了，真是奇闻。于是，网络上、报纸上，开始认真地讨论如何在水下的车内破窗自救——是用铁锤好、高跟鞋好，还是汽车头枕好。

可是，对一个普通司机来说，谨慎驾驶，避免陷入这种困境，才是有意义的。对一个普通人，真正陷入那种困境之中，是很难保持清醒和冷静的；而多数人，车上长期准备一个救生器械包，估计也是不现实的——现在连安全带的使用都还没有普及呢！让安全带提醒装置“闭嘴”的替用插头，倒是比较普及。

说实话，对在立交桥下淹死在车内的遇难者，除了抱有万分的同情，我还有些不理解：桥下明明有积水，为什么还要冒险把车开下去？眼见积水慢慢升高，为什么不及时弃车逃生?

广州街道浸水的概率比北京实在高太多了，我就遇过多次，我没有研究过如何用座椅头枕撬开车窗玻璃，车内也没有常备一个铁锤——很不好意思，灭火器和儿童安全座椅，我的车内也没有，我采取的是另一种办法：永远不去冒险，永远带着敬畏之心开车；而危险真正突发的时候，我也会毫不犹豫地弃车而逃——虽然那部车对我而言，也是一项重要财产。

防患于未然，应该是所有人都懂的道理，但从现实来看，很多人却的确又都不懂。不去研究如何避免落水，却研究如何在落水后自救；不去小心驾驶，避免事故，却总在事故发生后，抱怨气囊为何没有打开；不反省自己为何总是喜欢跟车太近，却总在追尾后抱怨制动不好……；我们舍本逐末的事情干得太多了!

借题发挥一下：现在汽车行业产能过剩的危机已经非常突出，但是，那么多厂家，个个都在建厂扩能，就像开车勇闯桥下积水的司机一样，总相信自己的车马力大、底盘高，危机只属于别人。结果，市场的洪水来得比想象中更加凶猛，于是我们看到和即将还会看到许多人被困在水底的车内，拍窗呼救——他们赶得太急，车内没有准备任何救生器械包。

2012-7-30

季后赛的资格

现在，汽车行业里的人碰了面，照例都会感叹日子不好过。可是，真正困难的日子还远没有到来。每个月拿到的国产车型月度销量表，车型名单照例越来越长；月销只有区区几百辆的众多车型，也照例没有从这个表上消失，这充分说明中国汽车市场仍然还没有进入到最惨烈的淘汰赛阶段。

七八年前，这个表格只要一页 A4 纸就可以打印完毕，但是现在，虽然所录颇不完全，而且很多车型也已经被我合并归类，比如雅阁和歌诗图，蓝瑟和翼神等，都合并为一项，可是这个表格依然太过冗长，很多车型对我这个专业汽车记者来说都已经相当陌生，很难想象，一个普通消费者在买车的时候真的可以想起它们来。

根据 J. D. POWER 不久前的一个数据，中国乘用车市场目前有约 100 个品牌、500 款车型在参与竞争！从来没有哪个单一市场这么热闹过。全世界的汽车品牌，主流的、非主流的，高档的、廉价的，全进了中国——还有没来中国的汽车品牌吗？此外，中国还有阵容蔚为壮观的本土品牌，奇瑞、吉利、长城、比亚迪，一汽、东风、上汽、长安，北汽、广汽、华晨、江淮，力帆、双环、众泰 UFO！还有很多，估计大家也没怎么听说过，我就不罗列了。这些可还都是母品牌，都是集团，奇瑞下面就有五大品牌，吉利也有仨——不含VOLVO。

从“老三样”时代到如今，中国从世界上乘用车型最单一的市场，到成为车型最多的市场，只用了短短十几年时间，在这十几年里，中国汽车行业遍地黄金，只要搞出款车来，无论是山寨CR-V的双环来宝，还是基于国外早已淘汰的车型平台搞出来的奇瑞风云，都可以热卖，都可以大赚一票。

但这不可能是市场常态，很多品牌退出竞争，这是注定的。据说工信部已经在研究汽车行业退出机制，真是多此一举，市场最终会作出裁决。实际上，过去的几年，已经有好几家车企退出了竞争，比如南汽、天汽、浙江吉奥、江铃以及长丰。合资企业也并不都是胜利者，在中国起步很早的广州标致、北京吉普以及正赶上中国汽车普及最黄金时间点的南京菲亚特，最后都以失败收场。接下来，将会有一场惨烈的淘汰。没办法，中国车市即将进入季后赛——本来就不是所有人都能玩的。

那么多本土品牌，不可能都能杀进季后赛，按照菲亚特CEO马尔乔内的说法，最终将只有一家来自中国的汽车品牌会在这个游戏里继续下去，成为中国的丰田或者大众。我相对乐观一点儿，估计最终能跻身本田现代这样级别玩家行列的中国本土品牌，会不止1家，但也不会超过3家，而在惨烈的季后赛有资格继续玩的本土品牌，总共也不会超过6家——这还要感谢中国本土市场足够大。

别说很多本土品牌，即使一些跨国品牌，因为来得太晚，机会同样不大，据说斯巴鲁已经放弃了国产计划，个人认为这是明智的选择，国产斯巴鲁，有资格和大众、丰田、通用玩季后赛吗？还是老老实实扮演一个小众进口品牌的角色吧。

那么，谁会出局？这我无法预测，但是，我可以替市场——这个真正的最后裁决者，宣布一下季后赛入围者的必要条件：

一，必须已经具备一定的规模，如果目前年产销依然达不到40万辆的，基本没有机会了；二，必须已经初步具备了可持续的技术研发实力和产品开发能力，现在还只能山寨的，也基本上可以考虑收摊了；三，必须初步形成了高效的市场化运行和管理机制，如果现在还是看上去更像个机关的，那么还是趁早考公务员去吧，别耽搁了；四，必须已经初步形成了长远而且清晰的品牌战略，如果到了今天还在三天两头研究布局自己的品牌矩阵，还在犹豫到底是做中国的丰田，还是对标大众，那么你最大的机会也只能是成为中国的大宇，丰田梦就别做了。

上述仅仅只是必要条件而非充分条件，充分条件有哪些？这个真的只有上帝才知道了——相信我，无论是工信部，还是发改委，都和我一样，也不知道。

2012-8-6

汽车行业出不了京东

“只问一句，洗头或者沐足能在网上进行吗？”

京东刘强东发起对苏宁、国美的挑战，在网上同时也引发了一场关于“传统汽车销售渠道会不会被电商革了命”的讨论。

对这种网络口水之争，本来实在没有参与的兴趣，但是既然那么多人问到了我，我也就如上表达了一下自己的观点。

我的跟帖显然有些不着调，很自然引来了这样的反诘——“难道4S店都提供洗头和沐足吗？”我当然不是这个意思——虽然的确有些4S店真的是有沐足这项服务的。我想说的是，汽车专营店从来都不只是单纯卖车的，它为顾客提供选车、买车、上牌、保养、维修、二手车置换、过户等一系列服务，而这一系列服务，无法在网络上虚拟实现。你可以在网上下单让别人给你送一本书来，但如果你想理个发，电商没办法给你快递个发型师上门。

买部电视，交钱，发货，交易结束。电视当然也存在售后服务，但是，发生的概率和频次都非常低。买车不同，不仅上牌是一套复杂的程序——现在广州限购了，这个程序将变得更加复杂，而且车辆要定期保养，还要维修换件。汽车专营店，不单纯是销售渠道，更是服务渠道，正是这种本质的不同，决定了汽车行业，不仅诞生不了京东、当当那样的电商，甚至也出不了苏宁、国美。

较之于家电，在汽车的购买决定因素中，品牌扮演了更关键的角色，凡是商品品牌足够强大的，渠道话语权就弱；其次，汽车商品价值较高，少则几万元，多则上百万元，买一本几十元的书，我不愿去书店，因为专门跑一趟，相对成本实在太高，但是对一辆车而言，这种成本就小到可以忽略了；更主要的是，汽车要定期保养换件以及维修，需要专门的技术、设备，以及特定的零配件，这些都掌握在厂家手里，所以渠道只能依附于厂家而存在，汽车经销商与主机厂的所谓话语权之争，无论在哪个市场都是个伪问题。

目前主流的4S模式，本身确实存在一些问题，比如成本过高，厂家话语权太强——这导致了网点布局不合理、局部市场网点过剩、厂家向经销商压库严重等弊端，但无论从哪个层面来看，厂家授权的品牌专营店模式，在可预见的未来，仍将是这个行业的最佳模式，也仍将继续统治这个行业。

网上卖车这件事，并不新鲜，十多年前，福特就和当时如日中天的雅虎合作过，当时也很高调，突破、革命云云，结果——是毫无结果。吉利、Smart也都和淘宝合作过网上卖车，同样调子起得很高，最终证明不过是场秀。美国汽车经销商协会主席说，未来网上销售汽车的份额将不超过20%，我认为他这个话太留有余地了，我的看法是连10%，甚至5%也到不了。鉴于汽车行业本身的特性，网上卖车是不太现实的。实际上，不仅汽车，那些凡是价值很大的、涉及具体服务的、牵扯复杂手续办理的，基本上都不适合电商模式。

2012-8-27

辩 证 法

这次，说点轻松的话题，来听几条好消息——

首先，福特CEO穆拉利亲口证实，长安福特马自达拆分方案已经上报发改委，“很快有结果”，据现场同志描绘，穆帅话语间似乎有种感慨——长安福特马自达拆分将扫清福特在华推进的障碍。

相比其他竞争对手，福特在华发展相对滞后，原来障碍在马自达！恭喜福特从此获得解放。可是，从马自达的角度，也许获得解放的恰是日本人呢！当初，记得马自达是很希望和海马继续合作的，硬把马自达拽去重庆搞三方合资的明明是福特嘛——没办法，谁让福特是马自达的大股东呢。

第二条好消息，同样来自福特。鉴于中国豪华车的高速增长，福特宣布旗下豪华品牌林肯将于2014年引入中国。福特中国董事长萧达伟表示“林肯在中国市场具有非常大的发展潜力。”这话没错，你不能否定一个还没来的汽车品牌的潜力，但是，一个在美国本土市场都日薄西山的豪华品牌，真的可以在中国完成伟大复兴?

今年前7个月，美国车市整体同比增长14%，其中豪车增长强劲，前两位的奔驰、宝马各增长15%和9%，奥迪劲增18%，销量攀至第五；雷克萨斯、讴歌和英菲尼迪三大日系品牌增幅均超20%，销量分列三、四、七位。但美国本土两大豪华品牌表现低迷，林肯销量同比降2%，只有48 937辆，凯迪拉克则下降了13%，至76 229辆。

不过，还是恭喜一下福特吧，就算是打酱油，也好过纯围观啊。

福特要引进新品牌，奇瑞则壮士断腕，终于下决心要砍掉瑞麒和威麟两个“高端品牌”，产品划归奇瑞品牌旗下。从2009年3月19日正式发布，到今天的“退出”，瑞麒和威麟大约是世界上最短命的汽车品牌了。

不过，这仍然是个好消息，因为这标志着奇瑞方面终于开始正视现实，承认错误，总比一直坚持错误强，只是这个学费交得有点贵。

最后一条，是真正的好消息！广州车牌竞拍出结果了！没有天价，个人平均成交价仅22 822元，竟然有17人以1万元底价竞拍成功。后来参拍人数“解密”，原来只有不足800人参与有偿竞拍！这对打算买车的广州人来说，难道不是好消息吗？原先大家还都估计起码要3万元，甚至五六万元呢！好消息还不止于此，1090个免费新能源车牌，只有186人申请，申请者百分百中签。

人要学点辩证法，好坏总是相对的，所以，上述究竟算不算真的好消息，不用和我抬杠，要看你站在什么角度。辩证法很有意思，上述几例，也告诉我们，起初的决策往往会辩证成最终的拍脑袋，而当初对所有质疑者说“你们都不懂品牌”的，也辩证成原来不懂品牌的恰恰是他自己。

2012-9-3

你会开车吗

从小区出来，正要过马路，一辆逆行的小车疾驰而过，把骂忍回去了，大清早的，何必坏了心情呢；车刚开出来，在一个掉头位堵住了，因为一辆面包车停在了本来就不宽的路上，一辆大巴转不过去，面包车司机开着车门，欣赏着被它堵住的一堆车，优哉游哉！下车去跟他商量，让他把车往前挪挪，司机冲我嫣然一笑，似乎完全听不懂人话，大巴前后腾挪终于开过去了，我也赶紧上车走了，面包车司机丢过来一串鄙夷的眼光，大约是嘲笑我和大巴司机的驾驶技术吧；瑞康路，好几辆小车逆行，不过我已经习惯了，所以没有让我的心情更坏；新港西和东晓南路口，眼看着绿灯在倒数读秒，可是前面一辆白牌车就是不加油，慢吞吞起步，前面也没啥状况啊，这是干嘛？难以理解啊，成心别我吗？我不记得冒犯过您啊……

这就是我今天早上上班路上的状况。具体情况每天会有不同，但是整体上大致天天如此，今天算好的，因为没有遇到事故，这么短短十来公里的路程，常常可以见到好几单剐蹭事故，要是发生在桥上，那么，得，大家就都堵着吧。

你说，这些人不会开车吗？人家有驾照，而且可能还都开了好多年的车，一个个老油条的样子，加塞的时候，又快又狠又果断，可是他们真的会开车吗？

在我看来，会开车，起码得满足两个条件：一是驾驶技术，二是交通意识。前者不单是指会把车开起来，还要开得环保、节油、不伤车，开得安全，遇到紧急情况能采取正确的措施；后者要求尊重所有交通参与者，要开得文明，不要被人骂，不要影响道路通行效率。《车天下》举办的“百姓车王争霸赛”，就是想提高前者；举办的“文明驾驶之星”评选，就是想改善后者。

第二届《车天下》“百姓车王争霸赛”，上周六圆满结束，而“文明驾驶之星”评选也已经连续举办了3年，我们做这样的活动，目的当然不是为了对开车开得好、开得文明的人进行表彰，而是想努力倡导一种健康的汽车文明，从过去几年努力的结果来看，我必须实事求是地说，效果似乎并不大，但是我们也并不泄气，因为中国全面进入汽车社会的进程实在太快了，只有短短十来年。

我相信会有那么一天，这类活动完全成为多余，因为人人都真正地会开车。大家不会无缘无故地变线，不会在快车道上慢行，懂得在安全原则下快速通过路口和桥梁，懂得不能随意停车，懂得会车时要切换灯光，懂得堵车时左右交替通行，懂得预判状况，懂得提前采取措施，懂得不能一次变换两条以上车道……

我也相信会有那么一天，翻开每天的报纸，不会再有那么多恶性交通事故的报道；和在国外一样，十天半月难得遇见一单车祸；每天开车上下班，路可能依然会堵，但是心情却不会变坏。

2012-9-10

各种“自主”

北京汽车集团(北汽)董事长徐和谊在夏季达沃斯论坛上“吐槽”，他说，中国经济面临的最大危机是技术空心化，“虽然我们是汽车第一制造大国，但在核心技术上，像发动机、自动变速器、汽车电子这些方面，技术非常非常落后，有些甚至只比‘零’强一点”。

话说得有些难听，我甚至都能感受到徐董事长的沮丧！在研发上投入了那么多，不惜巨资买了萨博的知识产权，重金网罗了一大批技术精英，可是，不久前C-NCAP公布的2012年第三批车型碰撞测试结果时，北汽寄予厚望的E系列车型仅得到可怜的2星评级！

徐董事长的沮丧是可以理解的，但是，这话之于北汽，那是勇于面对现实，但是加之于全体本土汽车品牌，则有点不妥，起码也是妄自菲薄——在C-NCAP同一批测试车型里，本土汽车品牌的长安逸动就拿了5星嘛。

发动机、变速器、汽车电子，确实都是本土汽车品牌的软肋，但是最近几年，在吉利、长城、比亚迪、长安、奇瑞等企业，我们都看到了实实在在的成果，比如吉利的6AT、比亚迪的TID，单就产品而言，长安逸动也已经完全达到甚至超过同级合资车的水准。

但是，逸动卖得并不理想。这说明单单产品好，是远远不够的。所以，东风日产副总经理任勇在花都汽车论坛上的发言主题就是“体系能力”，他说，体系能力是来自全价值链的资源聚合能力，是“自主品牌”创新能力的保障。

体系能力，大约也可以理解成综合竞争力吧?《广州日报》从2004年起就独家推出了乘用车企业综合竞争力排行榜，也是想强调体系能力的重要性。任总如果只谈体系能力，应该是个很好的发言，可是何必扯什么“自主”呢?

“自主品牌”是中国特产，为别国所没有，因为“自主品牌”的提法本身在逻辑和语义上都不成立，品牌真要区分，也只有本土和非本土之别。“自主品牌”叫法的泛滥，是商业领域泛政治化的一种体现。一些人把商业玩成了政治，把生意搞成了政绩。于是，看到现在“自主品牌”能力“只比零强一点”，市场份额不断下滑，他们急了，于是要求合资企业也搞自主。“合资自主”——这是什么奇怪的逻辑? 不理解的人当然多，比如华晨的祁玉民，他说：“搞自主，我有中华啊，干吗还要在华晨宝马里干?”主管官员们拨乱反正——国家发改委副司长陈建国和工信步部副部长苏波都表示，合资自主也是自主，一样要支持。

所以，徐和谊董事长不要沮丧了，要转换观念，没必要非得搞什么北京牌这样的“纯自主”，不是有北京奔驰、北京现代吗? 奔驰、现代这么大集团，换了代的车型那么多，随便整几款，换个标，不就自主了吗? 当务之急还是把合资企业搞好——虽然北京现代已经很好了——然后，徐董事长就可以在以后的论坛上大谈体系自主、合资自主等各种自主了。

2012-9-17

免费通行

国庆节黄金周打算开车回一趟老家。原本这是件值得期待的事，但是今年我却有点踟蹰了，因为我担心会塞在高速公路上。

经历过春运期间高速公路大塞车的人，应该都印象深刻，那是一种恐怖的经历，车龙绵延几十公里，进无可进，退不能退，水尽油干，几近绝望。这样的高速公路塞车梦魇，每年春运都会在京珠、粤赣等广东几条主要出省干道上如期上演。我也曾经被堵在离广州还有四百多公里的地方，这段本来只有五六个小时车程的路，我足足走了十六七个钟头——不是闹冰灾的2008年，那一年天气很好，就是因为车多、事故多。我发过誓，再也不能重复这样的噩梦经历。

国庆黄金周，高速公路上虽然也比平日车多，但是和春运相比，还基本算是畅通，所以连续几年我都选择在国庆假期开车回老家省亲。可是，今年国庆黄金周期间，广东高速公路车流量预计将比春运期间还要多出三成以上！因为——今年的国庆黄金周，高速公路对7座以下小车免费了！

免费当然是好事，我的第一反应是这次来回一趟可以省几百块钱路费了。可是，国庆临近，这种喜悦越来越被担心所取代——车流量比春运还多三成，高速公路那得塞成什么样啊？那么，我是宁愿多花一两百元路费，还是宁愿在高速公路上堵上七八个钟头？到时候，一碗方便面可能都会卖到50块钱！

黄金周免收路费，听起来颇为惠民，但真正上路的人可能会反受其扰，而路桥业主单位更是叫苦不迭，因为不仅要损失大笔路费收入，还要加派人手，以应对可能出现的种种状况——大塞车、加油难、如厕难，以及——可以预见的更加多发的事故；交管部门愁坏了，本来春运一年一次，“大战30天”，这么多年下来也习惯了，这下可好，国庆、五一、清明都免路费，“大战”一年来四次，这谁受得了啊?!

政府出这样的政策，应该有一个基本的前提判断，即全国路桥业主单位的整体利润，是足够消化因为黄金周免费所造成的这部分损失的。换句话说，全国道路收费是有让利于民的空间的，那么，为什么不干脆下调高速公路收费标准呢？这样，不是既做到了惠民，又避免了上述种种负面效应？

当然，这纯粹是不负责任的草民心态，换位思考之后，我还是可以明白黄金周免收路费的高明之处。因为如果只是下调收费标准，那么大家就会明白原来以前收多了钱，不仅不会感恩，还会心生埋怨；而黄金周免费，则是一种赏赐，你看，又给你们派糖了！

（写这篇稿子的时候，国庆黄金周毕竟还没到，路没我说的那么堵也未可知，我想，肯定会有人堵着了，也或许会有人竟然没堵着，都没必要发牢骚说风凉话，凡事还要往好处想，毕竟国家还是少收了咱百八十块路费呢！想想CPI，再想想中石化，容易吗这?)

2012-9-24

谁在裸奔

虽然我也知道在很多路段你是不可能不被拍照的——真的抱歉，在那些路况良好，车少路直的“高速”公路上，我实在很难把车速控制在80公里/小时以下，但是我从没想过要遮挡一下车牌。每次跑长途，都会发现很多这样的情况，我理解他们的苦衷，虽然这次国庆长假免了三两百块路费，但是，稍不小心，罚款就要上千！可是，我想，那也不能裸奔吧？遮挡车牌上路，在我看来就是掩脸裸奔。

这回好了，公安部新修订了《机动车驾驶证申领和使用规定》，从明年1月1日开始，这种“裸奔”司机一次记扣12分，也就是相当于要重考驾照。

“新规”相当于是对机动车违章的“严打”，对各种交通违法行为都加大了打击力度，对多项交通违法行为提高了记分分值，记分项也由38项增至52项。

我是非常支持对各种交通违法行为加大打击力度的。刚过去的中秋国庆8天长假，全国共发生道路交通事故68 422起，死794人！就这还分别同比下降了24%和46%！不“严打”行吗？大家对酒驾的治理应该印象深刻，一个老大难问题，最后真下了决心，酒驾拘留，醉驾入刑，陈年痼疾不是也基本根治了吗？

对酒驾入刑我热烈拥护，因为我百分之一千地做得到酒后不开车；对闯红灯记6分，我也极力赞成，因为我连黄灯都不闯；但是，对超速或者轧线等违章行为的“严打”，我有一点点保留，因为我很难百分百地不超速不轧线，比如广州内环路上，限速是60公里/小时，我尝试着只开60公里/小时，结果后车不是闪我，就是嘀我，后来听说原来内环超速暂时不开罚，这就令我困惑了，如果限速不合理那么就应修改限速规定，如果合理，那么就应严格执法，你执法弹性这么大，令我们这些良民很左右为难啊。

我在高速上从来不超120公里/小时，你限110公里/小时，我也行，限100公里/小时，我认了，但是，你限80公里/小时，还是那么好的路况，那么对不起，我交的不是“高速”路费吗？凭什么要我用国道的速度行驶？大货车、大客车、小轿车，车辆那么多，差别那么大，你的限速是不是也不应该搞一刀切？80公里/小时，如果对某些大货车是条安全线，那么同路段小轿车的安全线起码就应该是100公里/小时。

开了这么多年车，一直谨小慎微，很少收到罚单，但绝非没有，因为路上还有很多不能轧但有时又不能不轧的线。比如某个高架入口，路牌显示可以通往新港路、东晓南路，但是上去之后，一条长长的实线，原来只通东晓南路，要去新港路也行，那就必须轧线！昨天晚上，从广园路下来，要向右并到天寿路，又是一条长长的大实线！我要走的那条畅通的大道，就在右边，变还是不变？

为疏导交通，有关部门还是做了很多工作的，比如现在市区多了很多交通电子信息牌，可以提前告知哪里塞车，哪里畅顺，好几次，在内环以及东风路上堵得动弹不得，抬头看见显示牌上却是一路畅通的和谐的绿色，烦躁的心情不禁大慰——就像看了新闻联播一样。

2012-10-15

汽车公害

又是限行，又是限购，现在，据说深圳又要对汽车征收排污费了——“起征额有每年300元、500元和1000元三种考虑”，看来汽车还真是现代人类文明社会的一大公害，否则，怎么如此过街老鼠一般人人喊打呢！

作为一个车主，深刻反思之后，我认识到汽车的确给现代社会造成了巨大的负面影响。排放了那么多有害气体，消耗了大量不可再生的石油资源，占用了有限的城市公共空间。就说排放吧，汽车的尾气，不但含有一氧化碳、二氧化硫、硫化氢、氮氧化物等多种对人体有害的物质，而且还有大量细微颗粒，大家近来不是常常抱怨城市空气PM2.5超标吗？这里面就有汽车尾气的贡献。所以，人家排污费征收的那是相当有依据、有道理的。

其实，何止排污呢，除了那些有害污染物，汽车尾气里更大量的是臭名昭著的温室气体——二氧化碳！现在欧盟已经对航空公司开征碳税了，我看也可以对车主开征碳排放税，至于征收额度嘛——鉴于现在的汽车排放标准不断提高，有害污染物含量已经大大减少，二氧化碳造成的危害更大更深远，因此，不能比排污费低，起码也得1000元起步。

汽车实在是个坏东西。如果没有汽车，就不会消耗那么多石油，中东局势就不至于那么恶化，西亚和平就从根本上解除了威胁；如果没有汽车，就不用修那么多路网，也就不用占用那么多耕地，粮食供应会更有保障；如果没有汽车，城市也可以把用来修路的土地改而盖更多的房子，于是房价也许就不会像现在这么离谱；如果没有汽车，每年就不会发生那么多车祸，就不会造成那么多不幸的家庭，社会于是就会更加和谐……

哎呀呀，汽车简直就十恶不赦嘛！干脆就应该直接取缔。啊——？还是想开车？也行，那么缴费吧。

鉴于造成了那么多严重的问题，本着谁点菜谁埋单的原则，汽车——尤其是私家车，最终应该发展成为一种“个人缴费征收终端平台”，除了现有的各种税费，以及上述的排污费、碳税等，未征而应征的税费尚多，比如：世界和平发展金、耕地保护金、房价平抑金、社会幸福指数基金、城市公共空间占用金等。

全国每年汽车销量直奔2000万辆，保有量突破1亿，啊，待我掐指算它一算——也不多收，每辆车每年收它个万儿八千的，那得多少钱啊！多少问题那不得迎刃而解啊?！搞不好，估计还能有盈余！只是想想，连我这个只有缴费资格没有收费资格的车主都禁不住有些兴奋了。

念及此，想起我开了这么多年的车，造了这么大的孽，欠了社会这么多应缴而没有缴的各种费用，尤其是，今天一早又没有忍住，开了这么个公害来上班，不禁深不自安，惶愧不已。

2012-10-22

销量是市场深耕的结果

参加了一个所谓的沟通会，其实并没有什么沟通，就是听厂家的“老师”详细介绍一款车的“先进性”——从冲压到焊接，从喷漆到总装，从车窗到座椅，从车灯到钥匙，当然，这次老师没有提双离合变速器。搞这么个乏味、冗长的沟通会的原因，是这款德系车终于在9月份卖到了国内B级车的第一名，厂家需要总结一下市场成功的产品内在原因。

就在一年前，占据这个排行榜前三的还都是日系车，而今年前两名都是德系车。“这说明中国消费者变得更成熟、更理性了”——厂家老师如是总结。

可是，微博上，一位媒体老师发布了前10个月美国畅销车型排行榜，在最畅销的10款轿车里，日系车占了6款，没有德系车。那么按照厂家老师的说法，是不是美国消费者还很不成熟呢?

汽车的销量，是消费心理、当地文化、品牌影响、产品性能质量价格以及服务等众多因素综合的结果，不能作这么简单的解读。中国和美国的车型销量排行榜差异这么大，并不奇怪，如果对比一下欧洲市场和日韩市场的排名，差异还更大呢!

日系车在美国强势，除了产品的确省油可靠之外，更主要的原因在于日本汽车厂家在北美的本土化工作搞得早、搞得好，一直以来对北美市场更重视、更投入，这一点，正和德系车在中国的情况一样(本土化搞得早,品牌深入人心,搞得好,成本低、服务好)。

在中国市场，日系车这一轮的失势，除了众所周知的原因之外，产品魅力不足也的确是一个重要原因。而具体到这一款德系车的成功，更主要的原因并不在于那位老师足足讲了一下午的那些所谓的先进技术，否则你就无法解释为什么上一代车型并不受欢迎——这些技术绝大多数在上一代车型上都有应用，主要还是设计，新一代车型不仅更符合中国消费者的主流审美取向，而且还加长了；其次就是恰逢日系车的市场低潮。如此而已。

不能因为日系车在美国卖得好，而德系车卖得一般，就认为美国消费者原来比中国人好忽悠；同样道理，也不能因为德系车在中国卖得好，就说明中国消费者成熟了，仅仅一年前还是日系车更畅销呢，广大消费者短短一年时间就都成熟了？集体补钙也不能这么快啊。

市场竞争越来越激烈，厂家不能靠这些小聪明来试图误导消费者或媒体，还是应该深入研究不同市场的不同消费心理，深入做好本土化工作。老实说，现在的主流汽车品牌之间，在技术和品质上的差距越来越小，在任何市场，销量，都只是市场深耕程度的结果。几年前，欧美汽车厂家，总是抱怨华南消费者似乎偏爱日系车，我一直反驳这种论调，如果日系在华南确实表现更好，那只是他们在这个市场更投入而已。事实不就是如此？随着大众对华南市场的真正重视，现在南北大众在华南不是也表现得很好？

2012-11-5

2020 快点来吧

就在车市低迷，前景不明，行业士气沮丧，经销商哀鸿遍野的时候，传来了振聋发聩的好消息！专家说，“从2009年到2020年，我国车市仍会保持较快的增长，平均年增长率在13%～15%”！

这年头，大家对专家的话早已将信将疑，像我这样迷信专家的人，这次也都忍不住犯了点嘀咕，但是作为一个汽车媒体从业者，在行业弥漫着悲观气息的时候，听到这样振奋人心的消息，还是非常高兴的。况且，这次专家的来头比较大，是国家信息中心信息资源开发部的主任徐长明老师。

那番话是徐老师在出席一个由媒体主办的“中国汽车产业发展高层论坛”上说的，被人家当专家请了去，当然不能信口开河，徐老师的结论是有雄厚基础的，不愧是国家信息中心来的，他从全球汽车市场发展历史、中国千人保有量水平、日美欧韩发展经验，娓娓道来、层层论证，最后总结出“我国车市至少还有10年平稳快速发展期”，估计听得与会的那些汽车行业人士如沐春风、信心百倍，就连我这个汽车媒体人士，从微博上看到这个消息都很是兴奋啊。

因为我算了一下，2009年，中国汽车销量是1364万辆，其中乘用车销量1033万辆，即使按徐主任所说的下限13%计，到2020年，中国的汽车年销量也要达到5232万辆！光乘用车就要达到3963万辆！如果以15%计，那么2020年，中国的汽车年销量要达到6342万辆，乘用车将达到4803万辆！看来那位诺贝尔经济学奖得主在成都说中国汽车年销量会达到7500万辆，也并非妄言啊。

还研究什么产能过剩？产能那是严重不足！2020年不远啊，马上就2013了！各汽车厂家赶紧建厂扩能吧。

不过，且住，五六千万辆一年？快赶上现在全世界的汽车销量了，其他不论，都停哪儿怕是个问题。中国汽车流通协会的副秘书长就发了条微博——“徐长明在苦口婆心地劝导大家，在未来一个时期(11年)，车市会保持15%左右的增速”；某厂家的市场人员在微博上回应说——“15%？少了个小数点吧”。

看看，有些人就是这点毛病，老是持怀疑论，虽然我也知道现在的专家以忽悠的居多，而且马云也曾说过，如果听经济学家的，企业要死大半。可是，专家的良苦用心大家还是要感激，人家是在给整个行业鼓劲，气可鼓不可泄，信心比黄金还宝贵么。再说，13%或者15%，估计按专家的本意，只不过泛泛地表示增速会很快，市场还有潜力，像我前面那样较真地据此算出一个结果来，在态度上是不科学的。

因为专家们的数学，我估计其实是不怎么好的。北大光华管理学院深圳分院的院长——也应该算是专家了吧，他说中国的经济还会保持两位数持续增长30~40年。2011年，我国GDP是47.1万亿元，两位数的增长，最低是10%，即以此计，30年后，我国的GDP要超过820万亿！这是多大的一个数啊，根据这位院长的数学水准，我不清楚他是不是一定可以准确地数出“82”后面应该有几个零！

2012-11-12

中国式办证

2012 年广州国际车展就要开幕了，照例，媒体又要到车展的官网上申请车展记者证，注册、登记、填写详细资料，然后等待组委会审核。我一直很奇怪，都十年了，年年都重新注册、登记、审核，难道国际车展组委会就一直没有建成一个数据库吗？

网上申请有些日子了，一直没有收到组委会的回执，于是又登录车展官网查看，居然“资料未能通过审核”！

参加过一回日内瓦车展之后，每年车展前夕都会收到主办方发来的电子邮件，当然，人家的车展没有我们这么高的人气，所以北上广的车展组委会傲慢一点也是可以理解的，在北京车展办证现场，我就亲耳听过工作人员教训前来办证的记者——“不高兴就别来”！所以我自然不会期待收到组委会主动发来的电子邮件，但是，我填写过 10 遍的资料，前 9 年都没有问题，为什么十周年的时候，就不能通过审核了呢？我这十年职业身份没有变化，那么只能是车展组委会发生了变化，也许是因为现在做得实在太大了吧。

打听了一下，资料审核没有通过的记者很多，我的多位同事的申请也都被拒了，其中一个居然发现，在伟大的广州车展组委会那里，自己的单位都被变更了，这个《广州日报》的记者已经被车展组委会打发到《中国贸易报》去了！然后严肃地通知他，申请被拒了！

遥想当年，第一届广州车展筹备的时候，我还是筹备小组的成员，十年后，却连采访车展的记者证申请都被拒了！而且，我一贯有自知之明，申请的只是个B证。

仔细反省之后，没有发现自己哪里得罪过组委会的老爷们，也一贯安分守己、遵纪守法，是个大大的良民，想不通组委会有什么连B证都不发给我的理由，于是，我善良地想，一定是哪里弄错了。

主办承办方的老爷们，当年鄙人忝列筹备小组成员的时候，也都是认识过的，可是一点小事就找领导，不太好，好在官网上有服务热线——(020)89268911，打过去问一问呗。第一次忙线，预料之中，接着打，不忙了，可是——一直无人接听。我确认了一下，星期四上午9点半，应该是工作时间吧？我打了十几次，可是这个服务热线一直冰冷地响着，无人接听。

"被拒了就别去了呗，多大点事！"有人这样劝我，可是，车展并不是组委会的车展！车展更是参展厂家们的车展，组委会只是个场地出租方，只是个现场服务商，他们收了厂家高昂的租金——据说现在北上广的车展租金比巴黎、日内瓦车展租金还高，就应该提供优质的服务，而媒体服务是其中重要的一项！否则为什么要设媒体日？

2012-11-19

生　意　经

每次北京车展看到同行们各种吐槽、抱怨，我就多少有点幸灾乐祸，因为比较起来，广州车展一直都还不错，至少场馆硬件一流，尤其是停车方便。历届广州车展的媒体日，我都是直接开车进地下车库，然后坐电梯直上展馆。

不过，情况发生了变化。

11 月 22 日广州车展媒体日，和往年一样，我在早上 8 点左右开车来到场馆地下车库入口，可是和很多车一起都被拦住了，不让进，只能停到附近路边的临时停车场。媒体日地下车库不可能停满啊，怎么回事？停好车，我特别步行到地下车库一看究竟，车场明明很空啊！下午离馆时，我又专门去地下车场看了一下，比早上还空！这是演的哪一出呢？

在门口和保安聊了两句，原来，地下车库被组委会包场了，只有持 VIP 证的车辆才能停。那么组委会为什么要把地下那么多的车位包下来呢？我有点怀疑所谓的 VIP 证，是不是一门生意？微博上一个厂家的工作人员证实了我的怀疑。他们是参展单位，组委会给了一张 VIP 停车证，可是一个厂家一张停车证怎么够呢？车展组委会方面的工作人员立即说“你可以买啊”。

我没有兴趣去打听 VIP 停车证多少钱一个，坊间有各种传闻。对组委会来说，绝对是笔划算的买卖。因为地下车库停一天一直都只是10块钱，停车费是不能乱涨价的，但VIP证卖多少钱，就完全由组委会做主，谁也管不了啦。此外，还有参展单位抱怨，8点开门、5点关门都是组委会单方面规定，筹展要加班？收费；想提前进馆？收费！

十年了，广州车展组委会也终于越来越会做生意了。

这不，不仅开始卖VIP停车证，场馆里的空调也都省了。媒体日当天，我下午5点离场时，室外温度还有29度，中午馆内温度估计高达35度，全场没有空调。我只穿了一件衬衣，可还是完全湿透了，很同情那些西装革履的企业代表们，蒸了一整天桑拿，换了好几回衣服，有人吐槽说，只能不停喝水，不停出汗。好处也是有的，这有利于身体排毒，而且符合低碳经济的时尚潮流。今年广州车展的主题似乎不小心和十年前弄重复了——这也是保不齐的事，别说十年前，谁还记得去年车展的主题呢？不过，今年其实是可以用“环保低碳 排毒养颜”这个很人性的主题的。

算盘打得很精，不过挂一漏万，其实从生意经的角度，广州车展可挖的潜力还很多。比如可以谢绝一切食品饮料入场——这完全是合理的，因为谁能保证外带食品饮料的安全呢？当然不是要高价卖矿泉水，一来你不可能卖到天价，二来，太离谱的话，物价局可能会介入。不卖水，发水，入场人手一瓶，350毫升。不够？可以再领，不过——就要凭证了，有“VIP饮水证”、“VVIP无限量饮水证”，当然都要买，多少钱一个，就不关物价局什么事了。

2012-11-26

车展十感

第十届广州车展闭幕了，照例，我都会在个人微博上发几条车展观后感，这次恰好凑成了十条，加上这周的《站着说话》也没想好有什么好写的，就权把这原本上不了台面的车展观后十感拿来充数。

之一——设计四大俗：大轮毂、无B柱、LED灯、剪刀门。

之二——SUV热有点过了，快成SUV展了。SUV太多、太雷同，也会审美疲劳；SUV热本质是汽车消费个性化潮流的体现，是风格的胜利，无关功能；没有个性和风格的SUV，将来也会死很得惨。

之三——本田(包括讴歌)几款新车值得期待，比如广本的CONCEPT C、东本的CONCEPT S，以及讴歌的ILX混合动力等，难道真如姚一鸣所言，本田在中国真的睡醒了?

之四——厂家全面回归现实，纯电动彻底降温，混动是汽车行业共识。

之五——为什么喜欢用玻璃围栏把展台围起来呢？来车展不就是让人看的吗？红旗、纳智捷，能不能别学人家劳斯莱斯、法拉利，也用玻璃围栏围起展台？不是围起来就不屌丝了。

之六——本土品牌在设计上的当务之急，是要尽快形成自己的风格或品牌特征。当然，不是让你去学大众的“套娃”，但是可以参考一下起亚或者现代。

之七——有些本土品牌，这么些年了，怎么就几乎一点长进都没有呢？——仅从参展车型而言。

之八——27日是公众日，整个上午，大众丰田日产现代，展台都很冷清；奔驰宝马无限讴歌，展台人气还行；原因不仅仅是因为限购，也是因为汽车消费升级的大势所趋。

之九——中国车市，这一轮看大众，下一轮看福特，最后，还是看丰田。

之十——公众日，人气超冷，非常怀念干露露。

2012-12-3

罗 生 门

对于杭州丰田杰路驰定速巡航无法取消，导致在高速公路上以125公里/小时的速度狂飙一个半小时这件事，本来不打算置评，因为我只能通过媒体的报道获取相关信息，而从媒体的众多报道来看，事实不是越来越清晰，而是越来越罗生门。

最初报道此事的电视台的新闻视频我看了，只有车主单方面的说法，没有采访交警，也没有采访厂家，对事件，我的态度是——疑点颇多。最大的疑点是，车主声称以125公里/小时的高速狂飙了一个半小时，而且还是在车流密集的沈海高速浙江—上海段！

以普通人的驾驶水准而言，稍微不谦虚一点，我大约可以自称高手了，可是，在中国的高速上，在一个半小时里，别说125公里/小时，我连保持80公里/小时不撞车都做不到。但自己做不到，不代表别人也做不到，这一点我还是很客观的，也许人家是个民间舒马赫呢？特别是据新闻里说，司机在发现故障后，不仅淡定地和家人电话沟通，还据说，甚至用手机拍了一段视频。在高速上左闪右避，以125公里/小时的速度狂飙，然后还腾出一只手拍视频，这大约就不是舒马赫所能做得到的了，不得不承认，民间还是有高手的。

既然是狂飙了一个半小时，但后来据调查，从发现故障到撞停，该车总共行驶距离大约是90公里，那么车速到底是125公里/小时，还是60公里/小时?

最初新闻视频里的说法是，警方安排了卡车，以追尾撞车的方式逼停了狂飙的丰田，可是，后来的新闻又说是通过撞击护栏而最终停下。到底是撞卡车，还是撞护栏? 这事至于弄错吗? 无论是撞什么，如果是100公里以上的时速，而车还能像新闻照片中那么完好，前风挡玻璃连条裂纹都没有，车身几无变形，前转向灯甚至还能工作，我只能说，那真是神车。

现在的汽车电子化程度越来越高，定速巡航不能取消，车辆无法减速，在原理上，是存在这种可能的，丰田公司的回复也承认，在定速巡航控制系统、制动系统、发动机系统、变速箱系统等4个系统同时出现问题的条件下，才会发生该顾客所描述的“制动踏板踩不动、定速巡航无法关闭、挂任何档速度没有变化、发动机无法熄火”的现象，虽然概率小点，但也不是零嘛。

可是，逻辑上说，只要前提为假，任何结论都可以成立。反过来，只要有一个疑点，整件新闻事实就缺乏依据。在这件事中，有那么多疑点，且都是常识性疑点，新闻就这么草率出炉，事后也没有进一步的跟踪报道——反正我一直没有看到该电视台就此事对交警或相关第三方作的进一步采访报道，我认为是很不负责任的。

现在，这个事件还在网上持续发酵，各种前后不一的说法陆续出炉，而警方一直保持沉默，这很令人遗憾，这个时候，警方的发声非常有必要，即使还不能作最后结论，但到底是撞护栏还是撞卡车，车速到底是125公里/小时还是多少，狂飙了到底多长时间，这些疑窦，警方是完全可以而且应当向外界作一个说明的。

2012-12-10

一道阅读理解题

A1、A3、A5、A7，有什么共同点？都是奥迪旗下车型？没错，但这是废话。奥迪为它们总结了一个设计上的共同特征——Sportback。

我不知道这应该怎么译成中文，如果借鉴长安 PSA 给 DS 译为“谛艾仕”的办法，我可以把“Sportback”译成“斯宝拜克”，洋是挺洋的，可是这太怪异了，而且看起来不知所云，所以可能还是意译比较好，“Sport”是运动的意思，可是“运动的背”，似乎不好，那么既然“Sportcar”是“跑车”，就译成“跑背”吧。

怎么也是怪怪的呢？哦——“跑起来很背”，晦气，不好。算了，那就“快背”吧——虽然意头似乎也不大好，但起码听起来还比较顺，就它了。

请奥迪方面原谅，根据有关方面规定，我们是不能——起码不能频繁使用英文单词或字母组合的，比如“NBA”都是不规范用法，必须说“美国职业篮球联盟”，所以你们的“Sportback”这个洋概念，我只能抱歉代之以“快背”这个土说法了。

虽然我始终很难把 A3 和 A7，或者 A1 和 A5 两者的设计归于一类，但是，既然人家这么说了，我就姑且这么一听吧。而且，听起来，也似乎蛮有故事的。

据说，奥迪快背“汇聚着无数设计师的灵感与智慧，承载着人们对高品位生活的追求”；又据说，它“实现了汽车功能性和艺术情感融合，开创了一个全新的汽车设计概念”；还据说，“作为一种全新的设计理念，奥迪设计师为快背设计注入了极富时代意义的设计美感和乐于分享的人文关怀，将当代人所追求的功能、品质、动感、魅力等因素融为一体”，并且，“正因为此，每一款快背车型都堪称是有主张、有态度的汽车，它们为人们展示了全新的生活方式”。

压力开始有些大了。“奥迪快背”如果是一道100分的阅读理解题，我想，我大约是及不了格了。

虽然我承认，诞生于1969年的奥迪100 Coupé S的确是一款令人惊艳的设计，但是，我真的很难将这种惊艳定格到A3上来；虽然我也喜欢A1的设计，但是，请允许我私底里承认，那是和A5完全不同的风格，甚至我还有一个很不专业的看法，A1的设计是不是多少有点借鉴了菲亚特500？

虽然我仔细聆听了宣讲，也仔细阅读了资料，但是，我依然不能在看到“奥迪快背”的同时，联想起披头士、比尔海利、猫王、滚石乐队，也不能联想起马克·安德森、比尔·盖茨、马克·扎克伯格、史蒂夫·乔布斯、拉里·佩吉和塞尔吉·布林，就像我看到很多现代建筑上的仿古中式楼顶，虽然很有古风，但是我不能联想起孔孟老庄、李杜苏辛、朱熹二程、亭林船山一样。

2012-12-17

我找李教授

喂，李教授吗？很冒昧给您来电话，是想代表我们全体员工向您表达我们的敬意。您在茅台酒媒体见面会上的发言说得实在太好了！塑化剂风波，很明显就是有人要做空我国白酒行业，打击民族白酒品牌。一帮媒体还跟着瞎起哄！这种时候，太需要您这样敢讲真话，有勇气，有担当的真专家了。

塑化剂能有什么危害？我就是个很好的证明嘛——我喝了那么多茅台五粮液，这不好好的吗？我今年58了，女朋友还夸我身体棒呢。

白酒里加点塑化剂，这也是符合国人体质特殊、排毒解毒能力强的现实国情的嘛。就像我们做汽车的，你车里要是没点甲醛、二甲苯的味儿，人家都怀疑你到底是不是新车！

其实，有点甲醛、二甲苯，又有什么关系呢？如您所说，三聚氰胺、塑化剂吃下去都没事，闻点甲醛怕什么？不就难闻点儿吗？你家厕所就没点味儿？说不定，还会进一步增强你的身体抵抗力呢。大家都知道身体要锻炼，排毒能力一样也要锻炼啊。平时不吃点塑化剂、闻点甲醛，排毒解毒能力怎么提高？您那么语重心长的话，大家竟然就是听不进去！

最讨厌那些个不负责任的媒体了，像那谁——忘了是什么一个破报纸，还弄了个什么愉悦指数，把车内气味也作为新车评价标准之一，心态很不好，把我们整垮了，你媒体能有什么好处？

舆论暴力害死人呐。看到您的道歉了，我们感到痛心啊，还让不让人讲真话了？您受委屈了。不过，请一定坚持住，因为还是有很多我们这样的人是坚定地支持您的。

给您来电话，顺便也想咨询个事儿。最近有个什么无聊的组织，发布了一个什么车内空气质量报告，说我们的产品不合格。您看，迄今为止，国家压根儿就没有一个车内空气质量标准，哪有什么合不合格一说？可是一帮媒体还大肆报道。消费者们懂什么啊，一贯听风就是雨，这不还有人相信12月21日是世界末日吗?！您看，今天这都几号了！所以呢，我们也打算效仿茅台，搞一次媒体见面会，想请您老作为嘉宾，出席一下，发个言……

喂，您别急着挂电话啊，价格好商量……

哦，您不是李教授啊？

哎——，舆论暴力害死人呐！看看，连手机号码都换了！

（以上内容纯属杜撰，如有雷同，纯属巧合。）

2012-12-24